I LOVE
IT HERE

我喜欢
在这里工作时
的自己

［美］克林特·普尔弗　◎著

（Clint Pulver）

尘　间　◎译

中国科学技术出版社

·北　京·

I LOVE IT HERE: How Great Leaders Create Organizations Their People Never Want to Leave by Clint Pulver

Copyright © 2021 by Clint Pulver

Published by arrangement with Transatlantic Literary Agency Inc., through The Grayhawk Agency Ltd.

Simplified Chinese edition Copyright © 2025 by **Grand China Publishing House**

本书简体中文版通过 **Grand China Publishing House**（**中资出版社**）授权中国科学技术出版社有限公司在中国大陆地区出版并独家发行。未经出版者书面许可，不得以任何方式抄袭、节录或翻印本书的任何部分。

北京版权保护中心引进书版权合同登记号　图字：01-2023-6222

图书在版编目（CIP）数据

我喜欢在这里工作时的自己 / （美）克林特·普尔弗
(Clint Pulver) 著；尘间译. -- 北京：中国科学技术
出版社, 2025. 7. -- ISBN 978-7-5236-1115-9

Ⅰ . F272.92

中国国家版本馆 CIP 数据核字第 2024F0H128 号

执行策划	黄　河　桂　林	
责任编辑	童媛媛	
策划编辑	申永刚	
特约编辑	张　可	
封面设计	东合社·安宁	
版式设计	孟雪莹	
责任印制	李晓霖	

出　　版	中国科学技术出版社	
发　　行	中国科学技术出版社有限公司	
地　　址	北京市海淀区中关村南大街 16 号	
邮　　编	100081	
发行电话	010-62173865	
传　　真	010-62173081	
网　　址	http://www.cspbooks.com.cn	

开　　本	880mm×1230mm　1/32	
字　　数	138 千字	
印　　张	8	
版　　次	2025 年 7 月第 1 版	
印　　次	2025 年 7 月第 1 次印刷	
印　　刷	深圳市精彩印联合印务有限公司	
书　　号	ISBN 978-7-5236-1115-9	
定　　价	69.80 元	

（凡购买本社图书，如有缺页、倒页、脱页者，本社销售中心负责调换）

I LOVE IT HERE

　　优秀的管理者无论是工作的出发点还是执行过程，都建立在关爱员工、与员工建立真诚关系的基础之上。

I LOVE IT HERE 🖤🖤

深圳市中资海派文化传播有限公司　创始人

中资海派图书　首席推荐官

桂林

精英组织进化指南：构建可持续人才引力场

克林特·普尔弗被誉为"员工留任的权威"，当企业深陷"人才留存之痛"，他在本书中以三重战略级价值破解你的困局：

1. 颠覆性诊断工具

普尔弗走访调查上百家企业后，揭示了员工流失本质是领导力架构缺陷。书中独创"状态面谈"模型（status interview），将模糊的团队管理转化为可量化、可复制的诊断－干预系统，直击"短期修补症结"。

2. 组织资产升级路径

超越传统管理理论，普尔弗提出了 5C"导师型管理者"（mentor manager）培养系统，将人力成本转化为可持续的知识资产——如书中詹森先生用"一套鼓棒激活终身成长飞轮"的经典案例，为领导者提供人才价值裂变的方法论引擎。

3. 全域领导力基建

用"不办事项清单"（To Don't List）重构管理优先级，同步整合领导者（掌舵者）、经理（运营者）、导师（赋能者）三维角色，构建抗周期组织生态。

作为经手超 1 500 种全球前沿作品的出版人，正如中资海派出品，也是普尔弗推崇的《野蛮进化》（*Relentless*）中所说的：

> "你不用刻意追求努力工作，当你忘我地追求最终的结果时，努力工作就变得无足轻重了。"

我视此书为组织管理领域的《野蛮进化》——它不止提供洞见，更交付一套即刻可迁移的"态度 – 行为 – 品格"操作系统，激励领导者和管理者超越自我，搭建组织专属的人才护城河和引力场。当人才战争进入存量博弈时代，本书是企业构建内容壁垒的高端战略装备。

约翰·C. 麦克斯韦尔博士

《领导力 21 法则》作者

克林特·普尔弗通过他的敬业和投入，在"卧底千禧一代"项目中为大家提供了独一无二的视角，这将转变你对未来领导力的看法。这是一本你的员工希望你读的书。

丹尼尔·平克

《驱动力》《全新销售》作者

克林特·普尔弗以内部人士的视角探究团队员工的所想、所感和所需，他的行为令人备受启发和鼓舞。本书不仅提供了减少人才流失、提升团队关系、培育创新合作的方案，还提供了可以像打造优秀个体一样打造优秀企业的方案。

俞国梁

猎聘海外联合创始人兼 CEO

在海外深耕人力资源多年，我深刻体会到：顶尖人才的留存，从来不是靠高薪，而是管理者能否创造让他们持续成长的环境。

克林特·普尔弗的这本书，用全球百家企业案例印证了我的观察——当员工感受不到价值与归属，离开只是时间问题。书中提出的"导师型管理者"理念与"5C 品质"，正是跨国团队管理的核心。如果你想打造一个让多元人才"不愿离开，而非不敢离开"的团队，本书提供了最实用的路线图。

潘高峰（Andy 哥）

深圳市浩博人力资源咨询有限公司创始人兼首席顾问

高级人力资源管理师

二十几年的 HR 和猎头生涯让我见证无数离职真相：员工离开的从来不是公司，而是不合格的领导。本书作者一针见血地指出——领导者的领导力才是留存人才的关键变量。

"你是问题，还是问题的解决方案？"这句拷问应悬挂在每个管理者的办公桌前。当领导者能打造出让员工持续自我成长的环境，"我喜欢在这里工作时的自己"便成为企业最有力的留才宣言。本书不仅是领导力指南，更是企业人才战的生存法则！

马克·桑布恩

《邮差弗雷德》《没有头衔的领导者》作者

我讨厌读那些关于领导力的书籍！但是，这本书既富挑战又不越矩。《我喜欢在这里工作时的自己》解释了那些显而易见，大家却避而不谈的问题存在的原因，并给出了最终的解决方案，那就是：打造一个让员工无法割舍的职场。如果你准备在领导力方面锐意革新，那就读读这本书吧！

史蒂芬·M. R. 柯维

《信任的速度》作者

这是一本"干货满满"关于领导力的精彩读物！克林特·普尔弗对领导艺术的理解将转变你对领导力的看法。这本书不仅能帮助你获取身边那些关键人物的信任，还将助你进一步提升业绩。

莉兹·怀斯曼

《团队赋能》作者

克林特·普尔弗曾与上万名员工深入交流，了解他们的工作动力及需求。我们应该向他学习如何更好地吸引、激励和留住人才。假如你想打造一个忠诚而热情的团队，你一定会爱上《我喜欢在这里工作时的自己》这本书的！

蒂姆·桑德斯

Upwork[①]客户洞察副总裁

《我喜欢在这里工作时的自己》展示了一个打造、吸引、锁定最优秀人才的完美职场打造方案，克林特·普尔弗的观点无懈可击，他提出的建议切实可行。员工的才华是公司最大的优势，作为管理者绝不能视而不见。

戴安娜·科科茨卡

凯勒·威廉姆斯房地产经济公司前首席执行官

《我喜欢在这里工作时的自己》不是一本冠冕堂皇的领导力理论型著作。本书提供的方法将彻底改变你的领导方式，是每一位寻求改善生活和工作的领导者、管理者或员工的必读之物。

珍妮特·贝内特

贝内特通信公司首席执行官

本书是克林特·普尔弗迄今为止最优秀的作品。他带领读者走进员工的内心世界，从另一个角度展示了何为领导力。《我喜欢在这里工作时的自己》是一封通往正确领导力的情书，我发现自己已爱上了这些法则和经验。

---

① 国外一家专门服务于世界各地自由职业者的网上接单平台。——编者注

米奇·乔尔

《重启》《湿营销》作者

我在创业时所犯的最大的错误就是以为人人都跟我一样。我真希望当时能读到克林特·普尔弗的书。很多人想要努力打造一种让管理团队充满激情的企业文化，因为他们不仅想要做好工作，还想拥有美好的生活。克林特为有这方面需求的人创作了一部杰作。环顾四周：每个人都喜欢这里吗？赶紧开读吧……

格雷格·特林布

柠檬水摊数字营销公司创始人

对各种规模的企业和组织来说，这本书将是未来十年最重要的读物之一。在阅读了数百本商业书籍之后，我可以自信地说，市场上没有任何一本书能与之媲美。克林特·普尔弗通过深入透彻的研究，带人们洞察了一个从未被充分探索过的企业文化领域。《我喜欢在这里工作时的自己》是企业主、经理人和高管们的实用宝典，是一本你应该一读再读的书。

鲍勃·索斯沃斯

惠普公司前工程总监

克林特·普尔弗是一位了不起的演说家和作家，他能将组织中不同层面、不同年龄段的个体关联起来，并且激发他们的热情。他在本书中展示了他在工作中的一些探索发现，有效地帮助了领导者提升团队整体的业绩表现，并将在未来很多年持续产生重大影响。

布兰登·西蒙斯
卓越国际集团主席

本书提供的经验和内容堪称无价之宝。克林特·普尔弗吸引了几代人的注意力，还激发了他们的行动热情，这是一种非凡的能力。本书不仅能教会你如何维护好现有的员工队伍，还能帮你打造企业文化，让员工的言行、心声都能被看到、听到和领会到。人人都喜欢这种感觉：我在贡献自己的一分力量，我所做的事情比自身更有价值和意义。

目 录

第 1 章　20 年前的方法，管不了现在的人　　　1

80% 的年轻员工同时离职已成常态　　　2

"卧底千禧一代"项目：让员工开口说真话　　　13

梦中情司：优秀员工永远不想离开的组织　　　15

职场真诚时刻　你想要怎样的企业文化?　　　17

练习与挑战　读完本书并实践　　　18

第 2 章　你是问题，还是解决问题的方案?　　　19

一次招聘失误 = 15 000 美元被浪费　　　22

善于制定季度目标，却难以预见低留存率问题　　　27

商业"误诊"对增长型企业犹如慢性"自杀"　　　30

拿高薪未必比与一个良好团队合作更快乐　　32

职场真诚时刻　你的员工为什么离职?　　37

练习与挑战　向优秀领导者学习　　37

第 3 章　聘　谁?　　39

高效招聘的 4 个基本原则　　41

善用有局限性的员工　　53

企业越优秀,越需要强协作的团队　　55

职场真诚时刻　你的团队需要怎样的人?　　57

练习与挑战　招聘和组建团队　　57

第 4 章　成为导师型管理者　　59

量化员工关系与你的期望值　　63

4 种类型的管理者及其输出的企业文化　　64

传统型领导者做事,导师型管理者带人　　70

评估你搭建良好员工关系的能力　　73

榜样的力量:流动率降低、生产力提升　　75

职场真诚时刻　你是一名导师型管理者吗?　　82

练习与挑战　盘点能学以致用的带人技巧　82

第 5 章　个性化赋能　83

7 种方式给满打工人的"情绪价值"　93

最佳雇主：4 种行为从有效指导到大胆提拔　99

职场真诚时刻　你的员工获得成长机会了吗？　107

练习与挑战　为员工做职业规划清单　107

第 6 章　用"简单"表达对工作的热爱　109

87% 的企业输在了愿景"低共鸣"上　110

别再立忙碌人设，列出不办事项清单　115

4 种方法简化你的日程安排　119

职场真诚时刻　你的日程做到精简高效了吗？　127

练习与挑战　实施 5 种职场减压方式　127

第 7 章　当员工掌握了游戏规则　129

5 种方法增强员工主导意识　133

设定预期，建立互信，放手去做　140

职场真诚时刻 你如何对员工进行授权？ 143

练习与挑战 细化愿景，按能力分配权限 143

第 8 章　利用一对一面谈对齐信息　　145

3 个问题进行状态面谈，留住高价值员工 148

制订成长发展计划：看见真需求 152

面谈为主，职业性格测试为辅 158

职场真诚时刻 你该如何开展一对一面谈？ 161

练习与挑战 安排一次状态面谈 161

第 9 章　冲击下平稳渡过难关　　163

9 个步骤协调员工个人危机 165

企业遭遇危机，保持沟通透明度 169

应对外部环境危机的 10 种良策 171

风险把控第一原则是维持财务健康 175

职场真诚时刻 你是否做好了风险把控措施？ 177

练习与挑战 为可能的艰难时刻做好准备 177

第 10 章　永远愿意接受指导　　　　　　　**179**

优秀导师的"5C"品质　　　　184

最值得你学习的人，可能比你年轻　　　　193

职场真诚时刻　你能从周围的人身上学到什么?　196

练习与挑战　创建你的专属导师团　　　196

第 11 章　帮助他们生活，而不仅是生存　　**197**

杜绝毫无意义的工作　　　　203

让他们说出"我喜欢在这里工作时的自己"　　　207

职场真诚时刻　阅读本书给你带来何种转变?　215

练习与挑战　时常回顾才能"知道做到"　　　215

第 12 章　改变职场的 11 个管理微习惯　　**217**

致　谢　　　　　　　　　　　　　　**225**

附　录　管理者的推荐书单　　　　　　**229**

I LOVE IT HERE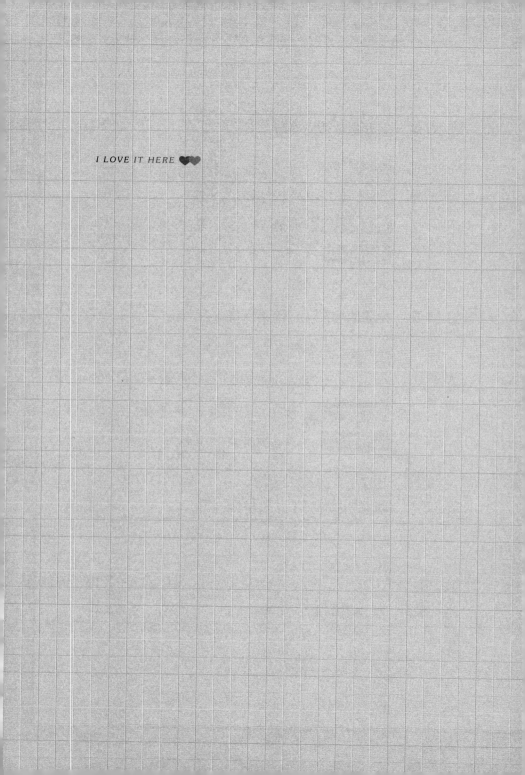

I LOVE
IT HERE

How Great Leaders Create Organizations Their
People Never Want to Leave by Clint Pulver

第 1 章

20 年前的方法，
管不了现在的人

1

> 我们不记得日子，只记得瞬间。
>
> ——20 世纪最重要的意大利作家之一　切萨雷·帕韦泽

我坚信一个瞬间就能改变一个人的一生，正如我相信人生的故事是由一些细微而简单的瞬间累积而成的一样。有些瞬间或许微不足道，而有些瞬间却会留下重大的影响，这些影响有好也有坏，最终都会将我们带到下一站。

正是某个关键的瞬间，促使我在二十几岁就创立了我的第一家公司，开展了一项调研，这让我有机会与一些全球杰出的组织和企业合作。

80% 的年轻员工同时离职已成常态

2015 年秋天，我与一些企业的首席执行官及高管一起参加了为期 5 天的商务旅行，向国内一些最优秀的商业领袖学习取经。我们团队有 9 个人，他们在各自领域的经历都令人印象深刻。我是他们中最年轻的。那时我激情满怀，迫切渴望能与杰出的领导者们交流，并希望通过这次旅行从他们身上学到一些东西，可以让自己也成为跟他们一样有成就、有影响力的人。

其间，我有幸能与斯坦纳体育纪念品公司的布兰登·斯坦纳这样的大人物交流。他是一位非常成功的体育用品营销高手，他曾利用收购洋基体育场的机会，向洋基队的铁杆球迷出售洋基队队员的日用品，并因此赚了一大笔钱。

旅程的最后一天，我们拜访了另外一家大型体育用品企业的首席执行官。那时他已经拥有了数百家遍布全国的连锁店。他带我们参观了他的旗舰店。看着眼前店铺的规模和商品，你就能明白这位首席执行官的成就是旁人无法企及的。

店面陈列精美，墙上挂满了最新的装备，架子上全是耐克、阿迪达斯、安德玛等品牌最新款的运动服饰。所有商品都摆放得整整齐齐，散发着橡胶的味道。我并不是资深的体育装备迷，但当我穿行在这座体育用品宫殿里，看着员工们热情地服务顾客时，禁不住想：年轻人应该都向往这种工作环境吧。

当我们一行人走出店铺后门时，首席执行官正在那儿等着我们。他是一位身材颇为高大的绅士，看上去不到 50 岁。从他的举手投足，以及我们还没说完问题他就开始回答的状态来看，他显然是个喜欢掌控局势的人。他根本不知道我们是做什么的，也不了解我们各自的背景，他连问都没问过。但他能抽出半个小时的时间来跟我们交流，这一点让我印象深刻。

他向我们简单介绍了自己是如何管理公司的，以及多年来他是如何不断转变零售和销售体系来跟上快速变化的市场的。看得出他很享受管理公司的乐趣。交流结束后，首席执行官带着我们参观了卖场。整个空间就像是一个与一切体育运动相关的乐园，而他就是这个乐园里的威利·旺卡[①]。

"开实体店，让人们进店来买东西，这种老观念如今已经不适用了，"他指着那些令人眼花缭乱的运动装备说，"这些都过时了。再也不能用这种模式经营企业了。"他顿了顿，把目光转向我们："现在我们 70% 的销售都是通过网络实现的。现实就是如此。市场总在发生变化。想生存，你就得跟上节奏。"他举起手，做出一个强调的姿势，然后一字一句地说道："你要是不成长，那就死定了。"

[①] 威利·旺卡是罗尔德·达尔创作的小说《查理和巧克力工厂》中巧克力工厂的老板。——译者注（脚注若无特别标注，均为译者注）

这位首席执行官的商业哲学是"要么成长，要么死亡"。对于一个经历过几十年经济动荡和商业趋势变化的人来说，这正是他的生存之道。

他的神情坚定而严肃，他的话让每个人都陷入了沉思。这位首席执行官接着谈到他们所做的重大调整，即不得不转向线上销售，以及如何被迫与亚马逊这样的代理商合作并在Instagram 和脸书这样的社交媒体平台上定向投放广告。

我们还没有跟上他的思路，他就接着说："我们保留了部分传统销售，现在大部分都数字化了，想要保持活力和成功，就得创造一种全新的模式来吸引客户。"他再次看向我们："我再说一遍：要想生存，就得跟上节奏。要么成长，要么死亡。"

我们在店里参观的时候，我观察到店里正在为顾客提供服务的员工有的在推荐商品，有的在处理电话订单，这跟零售商店的售货员没什么区别。我想知道零售模式的不断变化对员工的培训和管理产生了哪些方面的影响。

于是我问道："为了维持顾客忠诚度，您做了很多改变，看起来效果非常好。那么根据您的经验，您是否注意到员工的状态以及员工的工作方式有什么变化？您是否也相应地改变了对现有员工的管理方式？"

他毫不犹豫地说："没有，我 20 年前的管理方式和今天一模一样。你猜怎么着？依旧有效！"

他的回答令我惊讶。这位首席执行官似乎不明白自己需要调整管理方法以满足市场和顾客不断变化的需要，他居然认为管理方式无需做任何改变。

交流还在继续进行，其他人也问了一些问题，比如"您的第一份工作是什么？""在您的职业生涯里谁对您的影响最大？""您成为首席执行官那年多大？"，但我几乎听不进去了。他对员工管理的那番话在我脑中盘桓不去。我再次环顾店内正在工作的一线员工。很多人看上去很年轻。他们很多都是千禧一代（见表 1.1）生人，跟我一样大，说不定比我更年轻。

表 1.1　代际术语表

代际术语	出生年份（年）
婴儿潮	1946—1964
X 一代	1965—1980
千禧一代 / Y 一代	1981—1996
Z 一代 / 世纪一代 / Z 世代	1997—2012

来源：皮尤研究中心

社会对我们这一代人的评价很不好。很多人认为千禧一代养尊处优，做事心不在焉，全无斗志，而且完全没有吃苦耐劳的品质。

我们这一代人现在年纪也不小了，或许是该证明我们的实力了。如今，很多企业的一线员工大多是由 Z 一代，也被称为世纪一代或 Z 世代组成，其中，为数不多的是几个千禧一代的主管。

我想知道，那位首席执行官的员工是否认为他的管理风格依旧管用？他真的得到了自以为已经得到的结果了吗？

"就这样吧，我得走了。不过大伙儿听好了，你们在这家店里买任何商品都可以打折，打 4 折，怎么样？满意吗？好啦，咱们出去吧！"首席执行官结束了与我们的交流，我们致谢后就分头走进了卖场，开始选购最新的运动装备。

但我感兴趣的不是优惠的运动装备，而是那些员工。他们正忙着挂衣服、打单登记、帮顾客找商品。所有人看上去都非常友善，于是在强烈的好奇心的驱使下，我朝离我最近的一位员工走去。他很年轻，估计不到 20 岁。他的笑容很温暖，跟他身上那件印着公司标志的衬衫相得益彰。他叫德里克。"你好，我有点好奇，"我说，"在这儿工作感觉怎么样？"

德里克警惕地环顾四周，我突然觉得自己像是正在做什么见不得人的事一样。他凑近我，确信没人能听到，便说："我讨厌这个地方。"

他的话勾起了我的好奇心。"真的吗？怎么会这样？"我诧异地问道。

"唉！在这儿工作，我觉得自己就是在混日子。"德里克答道，"刚打完卡上班就盼着赶快打卡下班。"

我打开了潘多拉的盒子。那位首席执行官对自己的管理方式颇有把握，而且相当自信，然而只因为一个问题，一切瞬间就变得不同了。

德里克告诉我说，他无法忍受公司的那些管理者，他认为那些负责人不仅滥用权力，而且对员工缺乏关爱。在他看来，这家店内部很混乱，管理既没章法也没方向。员工职责不清，大家不清楚工作该如何开展才能更有效率。那种混乱的状态，既无法激发德里克的信心，也无法让他看到成长的机会。

"你知道吗，我有自己想做的事情！我有目标和榜样，但这里没有真正的未来。"他很沮丧地对我说。

"既然这样，你为什么还在这里工作？"听完他抱怨，我自然更加好奇。

"哦，我早就给三家公司投了简历。一旦收到录用通知，我立马就走。"

德里克正说着，有位顾客前来寻求帮助，他转身去帮忙。当他领着那位顾客朝过道那头走去时，我心想："好吧，这家伙今天可能心情不好，也可能这家店的实际情况和那位首席执行官以为的完全不同。"窥一斑不足以知全豹，于是我走到另外一个区域，随机走向另一位员工，问了同样的问题。

接着，我又问了第 3 位员工。

接着第 4 位。

商家给了我们 45 分钟的购物时间，我悄悄地采访了店里的 6 位员工。我用同样的方式问了类似的问题。与不同的人结束对话后，6 位员工中有 5 位对我说他们早就开始寻找新的就业机会，或者说 3 个月内就会跳槽。

83%！当然，我只是一时冲动随机调查了一下，取样的基数很小，但如果你公司里超过 80% 的员工打算离职，即便是随机选择，或许某些方面的问题也已经相当严重了。

那天，走出商店的那一刻，我突然意识到：雇主的感觉和员工的期望之间存在着巨大的差异，这个问题不只是在这家店存在，而是职场的普遍现象，这个问题亟须解决。我一直在思考那些员工的反应、需求以及他们在工作中寻求，却没有找到的那些简单的东西。那 6 位员工让我看到了真相。

就在那一刻，那个瞬间改变了我的看法。

我不断地回想起我在中学、大学以及大学毕业后的工作经历。我曾在很多公司工作过。其中一些公司希望通过员工调查表来了解自己的员工。这种从企业各个阶层的员工中收集信息的方法，出发点很好，但采取的方式却并不十分有效。

我知道这是美国公司最喜欢的做法，因为在早期的工作过程中我也填过不少表格。给员工发这些调查表的公司通常都认为，这样做能帮他们掌握公司的情况，了解员工和管理者之间的关系，以便找到改善的途径。

当然，每次填调查表时，调查方都会承诺，这是匿名调查，填表人的身份信息会得到保护，但这种承诺根本不可信，我可不会那么老实，冒着被解雇或者打压的风险去说实话。不仅我不打算冒这个险，我的同事也没几个愿意那样做。

我工作过的有些公司则采用不同的策略：安排员工和管理者做一对一的面谈。

这同样让人觉得没有安全感。当大家一起回顾过去一个月、一季度或一年来自己所取得的进步并细细梳理业绩时，我的血压会立马飙升。

有一次面谈结束时，领导问我是否喜欢他的管理方式，还希望我给他一些改善建议。太尴尬了！我并不喜欢我的领导。他在工作中事无巨细样样都管，却从不理会他自己制定的业绩标准、职业道德或目标管理。

我会当面对他说这些吗？绝对不会。

我不反对面对面的交流，必要时，我甚至不反对直面冲突或对抗，但是想象一下，想让员工告诉老板该如何改变才能让自己的员工爱上工作，实在太困难了。

在体育用品商店与那 6 位员工的交谈让我意识到：我对他们来说不是什么重要人物。他们和我之间的关系对他们的工作保障没有任何影响。我不是他们的领导，不是老板，也不是公司人力资源部门的员工。我只是另一个跟他们一样的千禧一代。我跟他们公司毫无关系，这让他们感到绝对安全，所以才敢讲出自己的真实经历和感受。

那些员工并不担心我们短暂的相处会给他们的工作带来什么不良影响，也不害怕会被管理者看到或受牵连。即便他们真的看到风险，他们也知道下一秒自己有可能在其他地方找到另外一份工作。

那一刻我突然意识到：假如那位首席执行官能听到员工的反馈、故事、感受和想法，这些信息和见解是否能帮助他了解自己公司的真实情况？让他知道他和他的公司需要做出哪些改变，才能留住员工，并将他们的潜力发挥到极致。

工作研究所 2020 年度员工留任率报告显示，2019 年有 27% 的美国员工辞职。其中，78% 的员工离职是可预防的，比如对工作安排不满、希望与管理层建立更加积极的关系、缺乏成长机会、对薪酬福利不满等。很多人辞职，都是因为他们的需求和雇主提供的条件脱节。假如我们能改变这些问题呢？

如果我们能让员工和雇主之间展开真诚的对话，消除他们之间的隔阂；

如果我们能够了解员工的需求和感受，将这些需求传达给企业领导，让他们能从中获取真实的数据；

如果我们能架起这座理解的桥梁，就能让雇主和员工都受益。利用这些信息，雇主们可以实施新的战略。这些战略才会真正管用，因为它们针对的是员工真正的需求。

> 要想解决雇主和员工之间脱节的问题，缺失的一环就是：用真诚的答案回答真诚的问题。
>
> — *I LOVE IT HERE* 💙

这就是"卧底千禧一代"项目诞生的起源。

"卧底千禧一代"项目：让员工开口说真话

"卧底千禧一代"项目是为了让企业主和他们的领导层能够深入了解员工的所作所为，以及他们的真实需求。当然，别被这个名字所蒙蔽，这个项目关注的焦点不只是千禧一代。随着那一代人的成长和发展，我们这个项目也调整了方法、扩展了途径，从办公室到制造型企业，广泛收集意见和想法。现在我们已经开始与 Z 一代员工接触和对话了。随着一代又一代的新人进入职场并带来他们独特的观念，我希望我们这个项目能继续发展下去。

截至本书出版前，我以卧底身份，采访了全球上万名员工，他们来自食品饮料、酒店、教育、医疗保健、零售、科技、汽车以及住房和建筑等不同行业的数百家公司。我的研究和支持团队采访过的人更是多得不计其数。这些数据就是本书的理论依据，提供这些依据的很多员工，他们并不知道自己的故事真的被人关注了。这种匿名的方式，也让我们得以收集整理出了真实而客观的研究资料，让我们能更深入地了解如何留住员工，降低人员流动率。

我们收集数据的过程很简单。得到合作方的许可后，以年轻求职者的身份进入商场、办公场所或者其他连锁店的分店。

我们会尽可能让自己看起来亲切得体，像其他员工一样穿着，像同龄人一样说话。我们会直接走进商店或办公室，见到有空的员工就问："你好，我正在找工作。我想问问你喜欢在这里工作吗？"

就这样开门见山。这个简单的问题让对方可以自由地表达自己的想法，为什么推荐或不推荐自己所在的公司。对话很快就会涉及薪酬等级、管理风格以及工作环境等主题，而这一切都是很自然就谈到的。为了确保我们提供的数据在不同的公司里有可比性，并说明什么是对员工来说最重要的，我们在每次聊天中都会提出以下问题：

◎ 从 1 分到 10 分，你有多喜欢你的工作？ 1 分表示"我讨厌这家公司"，10 分表示"我愿意一直为这家公司工作"。

◎ 如果前一个问题的答案高于 8 分或低于 5 分：回答你给出这个分数的原因是什么？

◎ 公司为你做过的最重大的并因此让你决定留下的一件事是什么？

根据公司的规模，以及管理层想要我们调查的深入程度，我们通常可以在各部门随意采访 50~300 名员工，目的是发现公司内部出现的积极趋势和消极趋势。

> 如果想作持久而有意义的改变，管理者必须拿解决方案说话。
>
> *I LOVE IT HERE* 💙💙

我们会针对每家公司专门设计表格，用来收集主题信息和数据。我们还会对员工的反馈和体会进行编辑、研究和评估，有时候会汇编成影像资料，作为部分展示内容呈现给管理层，以帮助公司更好地了解员工的当前情况。当然，这一切都是在保护员工隐私的前提下进行的。他们真实的感受和真诚的反馈，是管理层提出切实可行的整改方案的基石，有助于公司加强员工关系和忠诚度建设。

梦中情司：优秀员工永远不想离开的组织

在所有的提问和反馈中，有一位员工的反馈颇具感染力，在整个调研过程中给我们留下了深刻的印象，他说："这儿就是我的'梦中情司'！"这反映出他们的领导者执行力强、做事简洁、表里如一，他们愿意看到员工的作为、听到员工的心声、理解员工的意愿。

经过多年的调查，我们发现了能让一家公司成功并且卓越的关键因素是：工作要有使命感，企业文化要以关爱和服务为核心。那些伟大的领导者就是利用这些关键因素来营造员工喜欢的工作氛围的。我们找到了企业领导者都想要知道的答案。

你将读到的策略、方法和想法都来自我们在"卧底千禧一代"项目中遇到的员工。这不是某位自称为"领导力专家"的人撰写的又一本领导力专著，这是那些踌躇满志、意气风发的员工们的作品，领导者做得是否合格，他们一清二楚。

假如想做出持久而有意义的改变，你就必须拿出解决方案。本书提供的是一套制订解决方案的法则，将帮助你创建一个员工永远不想离开的组织。

你的公司将不再仅仅是一个华丽的门面，而是建立在重视个人价值基础之上的、拥有真正内核的地方。在这里，人们不仅能维持生存，也能够茁壮成长。

职场真诚时刻　你想要怎样的企业文化？

我不希望你仅仅把这本书看作又一本领导力手册。当你努力学习并为自己和员工创建一些有意义的时刻时，书中的内容能引领你经历一场变革性的体验。一旦你学会了创建这些时刻的方法，你的公司将朝着更好的方向大步前行。

每一章的结尾部分都会有"职场真诚时刻"这样的内容。仔细阅读这些问题和挑战，并尽快尝试。

利用这段时间去反思和行动，这将有助于你消化并运用读到的一切。不管感觉如何：每读完一章就尝试着去做，读完全书就能把它们都做一遍。当你想重新思考某个策略时，你可以视需要重读书中的某些要点。

找到一个适合你的运作系统，然后付诸实施。在回答问题和应对挑战时要诚实，只有这样，你才能获得所需的知识和技能，为你的员工提供有价值的工作，并在个人和职业生活中取得更大的成功。

问题 1：你的企业文化是什么？选择三个形容词来描述。

问题 2：你希望你的企业拥有什么样的企业文化？选择三个形容词加以描述。要尽可能详细、具体。

问题 3：仔细阅读你针对上述两个问题写下的所有形容词，

并选出你认为对你的企业而言最重要的一个词，完全按照你自己的理解来定义。然后花点时间进行描述，说明为什么该词最为重要。

练习与挑战　读完本书并实践

接下来，你要面对的挑战就是读完本书，诚实地回答书中的问题，下决心完成练习和挑战，然后见证你这样做，会给你和员工之间的关系带来怎样的改变。

当你完成每一章的"职场真诚时刻"，你会发现本书就像是一张地图，带你开启领导力之旅。经常翻翻，应用其中的那些原则，有一天你会发现，自己的企业也会变成员工们所说的"梦中情司"。

I LOVE IT HERE

How Great Leaders Create Organizations Their People Never Want to Leave by Clint Pulver

第 2 章

2

你是问题，
还是解决问题的
方案？

> 如果你能正确定义问题，说明你基本有了解决方案。
>
> ——史蒂夫·乔布斯

如果你正在读这本书，那么你很可能是一名行政管理人员、导师、主管、经理、首席执行官，或者你正努力成为那样的角色。也许你是一位家长，正在努力提升与孩子的相处之道，希望能与孩子更加顺畅地沟通。

在上述任何一种情况下，是否具备领导力是影响一段关系的重要因素。很多时候，企业的领导者都会因高离职率而烦恼。其实，作为一名领导者，你才是员工留下来，或者离开的首要原因。

当我们与某些企业合作，努力揭开员工离职的原因时，我们总会发现员工给出的理由各不相同：有的要求更高的薪资，有的要求缩短通勤时间，还有的要求调整作息。

> 在所有这些个人需求的表象背后，总有一个主要的因素影响员工做出离职决定。那就是领导者的领导力。
>
> *I LOVE IT HERE*

员工离职不是因为公司，而是因为领导者。我们在卧底调查的过程中发现，超过 75% 的离职原因可以归咎为管理不善。在我们对数千名员工进行的采访中，我们反反复复地听到下面这些话：

"经理总是改变我的日程安排。"

"他们事无巨细什么都要管。"

"我讨厌他们来店里检查。"

"我真的搞不懂他们。"

"他们总会因为一些小事发脾气。"

类似这样的话可以列出一长串，概括起来就是：批评太多，关心不够，言行不一。

但员工给予的也不全是负面反馈。我们也收到过诸如"我很喜欢在这儿工作。""这是我最棒的一份工作，我喜欢来这儿上班！"这样的评价。我们在寻找这种积极反馈背后的影响因素时发现，答案竟然也与管理相关。

"老板既把我们当员工，也把我们当普通人来关心。"
"公司关心我的工作以外的生活质量。"
"公司的专业培训项目，对我个人的成长有很大的帮助。"
"在公司，我不仅能与同事和睦相处，还得到了技能提升。"

这些公司通过提高员工的参与率、满意度和忠诚度，降低了离职率，并掌握了留住员工的主动权。

一次招聘失误 =15 000 美元被浪费

自从在不同企业进行"卧底调查"以来，我们发现受访的员工中约有 60% 的人正在寻找新的工作。

你可能会认为在疫情影响下失业率飙升，这会让员工不敢轻易离职，但经济总会复苏，失业率也总会再次下降。到那时，你的大部分员工可能都想寻找更好的工作机会。

> 现实是：如果员工无法在你的公司成长，那么他们会离开，去别的地方发展。

I LOVE IT HERE

任何一家公司都不可能 100% 地留住员工。再好的企业都会面临人员流动的问题。搬家、退休、出现了健康问题、学习深造、找到了更合适的工作，或者决定转行，任何情况都有可能导致员工离职。

一些领导者将员工离职视作"被纸割破的小伤口"。如果你的公司规模很小，只有 10~15 名员工呢？那道小伤口就不再只是皮外伤了。

◎ 数据显示，2019 年员工流失给美国公司造成的损失超过 6 300 亿美元。

◎ 据《福布斯》报道，重招一名初级员工的成本约为其年薪的 50%，重招一名中层员工的成本为其年薪的 125%，重招一名高管的成本则是其年薪的 200%。

◎ 根据人力资源研究管理基金协会的数据显示，替换技术和管理类员工的成本至少是其年薪的 50%，有时甚至高达几倍。

I LOVE IT HERE
我喜欢在这里工作时的自己

预计未来的形势只会变得更具挑战性。根据劳动研究所 2020 年留任报告显示，2010 年至 2022 年，员工离职率增长了 88%。

在我们讨论如何让你的企业成功留下员工之前，我们先来试想一下，如果你经营着一家平面设计公司或者一家提供全方位服务的营销公司，你的首席设计师提前一个月通知你，说她找到了一份更好的工作。她离职前后对公司的影响可能会按照以下步骤发展：

第 1 步：首席设计师提交了离职申请，不再接新项目了。同时，她将手头项目都转交给了其他设计师。接着，她开始每天花大量时间整理自己的办公桌。这时她人或许还未离开，但心早已不在公司，她不再关心任何项目了。

第 2 步：即将离职的首席设计师或许会因面谈而焦虑。我们遇到的很多员工都提到，这类面谈令他们感觉非常尴尬，即便他们已经决定离开公司，也担心坦诚地回答问题会带来不好的后果。这种焦虑令她越来越无法专注，所以，即便你提出补救方案，也不太可能得到诚实而有价值的答案。

第 3 步：首席设计师离开，在她的继任者到岗并跟上进度之前，你的其他设计师都在争分夺秒地完成他们的工作。他们感到疲劳，不堪重负。士气低落也会影响工作效率，造成更大的损失，甚至需要你主动采取措施，防止其他人跳槽。如果他们不得不加班，那也就意味着你要支付加班工资，或者给予其他形式的补偿。

第 4 步：负责人事工作的员工不得不花时间和资源去寻找合适的人来填补这个空缺。如果你不从内部选拔，就得支付猎头费用，为了安排潜在候选人的面试，甚至还需要支付差旅费。除此之外，你的支出可能还会涉及签约奖金、人才推荐费或搬迁安置费。

第 5 步：人员到岗后，你还必须花几周的时间做入职培训，以帮助新员工熟悉公司及客户。新的首席设计师还需要几个月的时间来充分了解岗位职责，并和客户建立关系，以达到与前一位设计师相同的能力水平。

第 6 步：当你在招聘新的首席设计师或帮其进入角色时，其他员工都在忙着处理他们各自的项目。那些习惯了与已离职的设计师对接工作的客户，可能会因为沟通不顺畅，开始考虑选择其他公司。

随着该设计师的离去，你在她身上投入的所有时间和金钱也都化为乌有了。这包括她在工作和培训中培养的技能，以及她对你公司和客户的了解。

这真是一石激起千层浪。根据凯业必达[①]的调查数据，一次招聘失误，差不多就要浪费 15 000 美元。不仅如此，公司在承担了这笔损失之后，还有其他哪些负面影响还不得而知，而这一切都是因为某个员工没有找到自己的"梦中情司"。

> 如果你不在员工身上投入，结果会怎样？他们铁定会离开。再糟糕一点，人在心不在。
>
> *I LOVE IT HERE* 💙💙

如果员工不辞而别，公司一时又无人补缺，会对公司有什么影响？对于零售行业来说，如果收银员人手不足，付款的顾客需要排队付款，导致顾客和员工彼此抱怨，顾客可能会转去竞争对手的店里消费，而超负荷的工作量则可能会令员工感觉劳累过度、报酬偏低，从而导致更大的损失。

◎ 员工离职会给你企业的盈亏平衡点造成怎样的影响？

◎ 在你的企业中，培养一位新员工，直到他具备胜任前任员工职位的能力又要花费多少成本？

---

① 凯业必达招聘网是北美最大的招聘网站运营商，也是全球流量最大的 30 家网站之一。

◎ 新员工需要学习哪些方面的流程？又需要与多少同事

磨合，彼此才能达到高效合作的状态？

当有人选择离职时，你应该彻底弄清楚公司会受到哪些方面的影响。如果你不知道员工离职会对公司造成怎样的影响，也不知道员工为何离职，那么，你很有可能会一次又一次地经受损失，直到你找到真正的问题所在并纠正它。

我提出的那些数据和假设，对应的是员工选择离职的情况下会产生的成本。但是，如果这位不开心的员工选择留下呢？生产力下降当然会让公司付出经济代价，然而这种情况可能会导致更严重的问题。如果你的某位员工始终消极怠工，对待工作毫无热情，这种态度和行为会在团队中蔓延。很快，你的公司将会停滞不前。

善于制定季度目标，却难以预见低留存率问题

如果你没发现员工的心境已发生了明显的变化，那只能说明你根本没有关注过这方面问题。我们很早便发现，千禧一代有自己独特的需求和目标，你可能已经了解并适应了这一点。但千禧一代在工作一线也将迅速被下一代所取代，年复一年，

时代更迭。随着你的公司和我们生活的世界不断发展，你需要用一种新的方式与你的员工构建关系，这将有助于你认识并适应每一代新人。

不幸的是，并非每个人都乐于接受新的工作方式。猎头公司拉萨尔网络的首席执行官汤姆·金贝尔（Tom Gimbel）对此描述得非常精准，他在《财富》（Fortune）杂志上这样说：

> 职场中老一代和年轻一代之间的冲突主要是源于消极的假设。"婴儿潮一代"认为"千禧一代"的年轻人缺乏耐心、不够专业而且懒散，而"千禧一代"的年轻人则视"婴儿潮一代"的老员工为不近人情的老古板。说到底，你的年龄和你的成功无关，你做什么和怎么做才最重要。如果不能从上到下认识这种观念的问题所在，这几代人依旧会冲突不断。

这种差异不仅体现在工作方式上，几代人之间甚至在价值观上都会相互误解。2018年的德勤千禧一代年度调查报告显示，年轻一代往往认为企业承诺努力实现的目标与他们在工作场所看到的实际情况"不匹配"。报告中提道：

在目标、文化和职业发展方面与千禧一代越匹配的公司和高管团队，越能吸引和留住最优秀的千禧一代人才，并且取得更好的财务业绩。现在的员工忠诚度是靠企业争取来的，因为绝大多数千禧一代为了追求更好的职业经历，随时准备着换工作，而且换得飞快。

> 如今员工流失的根本原因是：年轻人不害怕离职。对他们来说，他们与企业的关系必须实现双赢，一旦他们发现内部的冲突大于彼此间的联系，他们会毫不犹豫起身离开。
>
> I LOVE IT HERE 💙💙

他们认为，在你的公司之外，还有满世界的可能性在等着他们。那就意味着，企业需要学会营造一种鼓励双赢的氛围，因为这样才能让每一个人有理由留下来。

我承认解决员工去留问题绝非易事。发现和解决隐藏的管理问题以及文化冲突，需要企业做大量的工作。客户经常问我，如果他们投入了一切所需的时间和精力，而他们的员工仍然不断流失，该怎么办？

如果你也在思考同样的问题，请问：如果你因此不在你的员工身上投入精力，结果会怎样？他们肯定会离开，更糟糕的情况是，他们可能会"人在心不在"。

很多公司都面临着优秀人才流失和不被重用的局面，公司也会最终因此而垮掉。领导者或许很擅长为不断增长的业务制定季度目标，但在预见或解决员工高离职率问题时，却缺乏紧迫感或洞察力。

即便他们意识到招聘和培训新员工需要承担高昂的费用，却无法充分认识生产力下降、错失沟通机会以及士气低落会导致隐性成本的增加。

商业"误诊"对增长型企业犹如慢性"自杀"

非营利研究和倡导组织医学诊断改进协会称医学误诊每年会影响超过 1 200 万美国人，这可能比其他所有医疗事故加起来对患者的伤害还大。

数据显示，每年花在误诊误治和医疗事故诉讼上的成本高达 500 亿 ~1 000 亿美元。

我见过一些企业，花费了宝贵的时间和金钱，试图解决的却只是一些症状性的问题，却始终没有发现问题真正的根源。

> 其实商界也存在"误诊"。这种"误诊"可能不至于扼杀你的企业，但会造成持续的伤害和不必要的开支。
>
> —— I LOVE *IT HERE*

以下是我在 5 年的"卧底调查"工作中观察到的几种企业处理员工离职率高问题的主要趋势：

◎ 认为只要匹配下午茶和交通补贴就能留住"千禧一代"的员工，于是他们采用简单的解决方案，而不去探究员工真正的需求。

◎ 仍采用"走形式"的员工调查表来了解员工离职率高的原因。这意味着他们得到的反馈是有所保留并经过过滤的，很可能不完全真实。

◎ 认为员工离职率高无可避免，因此他们不愿花费心思为员工提供职业发展和成长方面的机会。他们的观点是：何必在终究要离职的员工身上浪费钱呢？

◎ 想方设法从公司外部招聘而不从内部提拔，因为内部提拔意味着加薪。

◎ 认为员工离职率高并不重要，他们把员工看作可以轻松替代的"零件"，业务发展照样不受影响。他们不是误诊，而是根本不诊断。

◎ 想方设法通过缩减福利来省钱，美国的医疗健康保险费贵得惊人，因此对很多员工而言，福利的重要性甚至高于薪水的重要性。

这些企业解决问题的方法完全是错误的，根本治标不治本。

你的企业也许不会因为误诊而衰败，但它会扼杀公司的成长机会，尤其是当你的企业一边的业务刚有所增长，另一边的员工却在准备跳槽时。这种误诊的代价太高昂了。

如何才能正确诊断问题？首先取决于领导者。

拿高薪未必比与一个良好团队合作更快乐

我们已经深入探讨了人员流动的各项成本，现在我们来看看另一方面：你的公司可以从更高的员工参与度和更低的离职率中获得巨大的收益。这应该是显而易见的。毕竟，不到万不得已，谁愿意花时间和成本去寻找、聘用和培训新员工呢？但这远不止是省时省钱的问题。

> 我们在这个地方待了这么久，不都是想让
> 人觉得自己有价值吗？
>
> I LOVE IT HERE

我通过实地研究给大家举几个例子来说明员工参与度高意味着什么：

里奇是一名服务生，他在一家连锁餐厅工作，这家餐厅的生意很不错。我第一次见到他时就觉得他很出色，因为他注重细节，服务客人的过程无懈可击，他是我见过最优秀的服务生。我问他在这家餐厅工作感觉如何，他回答说："我喜欢这份工作，也喜欢做这些事情。"他告诉我，他已经在那里工作8年了。餐饮行业人员的流动率很高，所以能从业8年，很不容易。我问他是什么原因让他能在这里工作这么久。他说是因为他的经理。

他们的经理南希从事餐饮管理工作已经有25年了。我能从她身上感受到她极富感染力、亲和力和领导魅力，而这些因素联系到一起，其作用远远超过了一份薪水。我问她与团队建立起这种良好关系的秘诀是什么，她说：

"我只是喜欢他们，愿意听他们说说心里话。"

人力资源管理软件制造商斑竹公司因为善于打造企业文化，获得了无数奖项：2012—2020 年荣获最佳工作场所认证；2019 年荣获《财富》杂志评选的 50 个最佳技术工作场所奖；2020 年在 Work from Glassdoor[1]上被员工评选为最佳工作场所之一；2019 年 G2[2]选出的最佳软件公司，等等。目前，这家公司已经有将近 600 名员工。它是一家赢利的私人控股公司，没有任何债务。

该公司人力资源总监凯西·维特洛克谈及成功之道时，指出："我们找到了最适合我们公司的人才，这是公司成功的基石！"她还说："作为一家企业，我们的成功与众不同。我们是一家 SaaS[3]软件公司，我们轻而易举地就突破了所有指标。因为我们有一流的产品，我们的员工有超一流的执行力。"凯西说客户之所以留下来，不仅仅是因为他们的软件质量优异，还因为他们的员工能深入、贴心、积极主动地提供最好的支持和服务。"这些都是员工在办公室里感受到的，同时也是他们通过电话、

---

① 美国一家做企业点评与职位搜索的网络平台。在 Glassdoor 上员工可以匿名点评公司，包括其工资待遇、工作环境、面试问题等信息。
② G2 被称为亚太地区软件公司的"大众点评"。
③ 向公司提供经验知识传授服务的软件。

电子邮件传递出去的东西，这些东西最终成了我们企业文化的延伸。"她解释道。

库尔特在一家专做汉堡的快餐连锁店工作，他很热爱自己的工作。我花了好几天时间光顾他所在的那家店，因为我问到的每一位员工都对自己的工作表现出了极大的热情，这在餐饮行业是相当少见的现象。当我问库尔特这家店究竟好在哪里时，他告诉我因为他们有一位好经理。说来奇怪，每一位员工都或多或少地提到了艾希莉。库尔特更是以艾希莉为荣，坚持要我见见她。

艾希莉已经在这家店工作 5 年了，在此之前，她曾在另外一家快餐连锁店做过 3 年的管理工作。当年她离职来这家店工作时，跟随她一起来到这家店的还有 4 位员工，包括库尔特。当时，她只是简单地邀请他们加入她的新团队，而他们就欣然地跟随着她一起来了。我问库尔特为什么会跟同事们一起离开薪资更高的原单位来到这里？他回答说："我们是一家人，我们是一个团队。拿高薪未必比在一个团队里彼此支持、相互配合、共同完成一项工作更快乐。"

这些例子充分说明敬业的员工，会给企业带来无形的收益。

但是，遇上敬业度、参与度低，彼此又缺少互动的员工，就不可能得到同样的结果了。员工工作散漫，不仅不能建立起良好的企业文化，而且会在财务方面产生不容忽视的不良影响，甚至危及你的企业。

盖洛普调查显示，散漫的员工在缺勤率上比正常员工高出37%，而在生产力和生产效率上低了18%和15%。如果将这些数据换算为美元的话，相当于一个散漫员工年薪的34%。

与敬业的员工一起工作，会让每一个人都更开心，同时也能增加企业效益。我们都希望自己能喜欢所从事的工作，有彼此尊重、懂得感恩的同事和老板。

如果你的员工感受不到被认可，如果他们根本不知道公司的愿景，也不清楚公司所有者是否愿意帮助他们过上更有成就感的生活，他们就会去其他地方。作为一名企业的领导者，你的职责就是要告诉员工，他们为什么应该留下。归根结底就是你要确保员工敬业，那也是书中接下去我会教大家的方法。

职场真诚时刻 你的员工为什么离职？

问题 1：最近一次你的员工离职的原因是什么？

问题 2：这名员工离职是在你意料之中还是意料之外？

问题 3：基于这名员工的离职，你是否总结出了留住其他人的方法？如果有，是什么？

练习与挑战 向优秀领导者学习

明确你在提升领导力方面最想做的一件事。但在做这件事之前，你必须先想清楚，领导者对你而言意味着什么。想想你遇到过或读到过的那些优秀领导者的事迹。尽可能多回忆一些细节。

他们是如何领导自己的团队的？

他们与员工是如何互动的？

他们之间是怎样的一种关系？

I LOVE IT HERE 🖤🖤

I LOVE IT HERE

How Great Leaders Create Organizations Their
People Never Want to Leave by Clint Pulver

第3章

聘 谁?

3

> 你或许拥有世界上最完美的企业战略和最豪华的公司大楼，但是如果没有同事的认同和帮助，任何目标都很难真正实现。
>
> ——拉斯维加斯神剑酒店总裁兼首席运营官　蕾妮·韦斯特

　　想要一个忠诚敬业的团队，你先要让合适的员工进入公司，并帮助他们高效协作。你听说过"梦之队"吗？美国最初的"梦之队"指的是 1992 年由主教练查克·戴利（Chuck Daly）率领的美国男子奥林匹克篮球队。

　　这支球队之所以赢得这个称号，不仅仅是因为它拥有迈克尔·乔丹、魔术师约翰逊、卡尔·马龙等几位篮球史上最伟大的球员，更重要的是球队的凝聚力。明星球员的卓越表现，激励着球队的成员越战越勇，也使得球队整体战斗力不断提升。队员们在各自的岗位上出色地发挥优势，并为共同的目标齐心协力，这正是我们"员工梦之队"所追求的。

　　有了自己的梦之队，敬业就变得容易多了。当团队中的每一个人都能展现出最好的自我时，团队的凝聚力也会提升。

高效招聘的 4 个基本原则

尽快聘用合格的员工。这是提升员工敬业度至关重要的一点。

通过"卧底调查",我发现成功的组织为了留住员工确实做了很多努力。但最重要的还是:聘用合适的人。我研究了招聘过程,以及那些最优秀的领导者在为公司招聘新员工时所遵循的原则。我总结出以下 4 个基本原则:

1. 聘用适合的人,而非随便招个人。

2. 尽可能从内部招聘。

3. 优秀员工三要素:态度、行为和性格。

4. 让你的员工从事他们最擅长的工作。

在上一章里,我们谈到了高离职率对公司可能产生的负面影响,究其根本有 75% 可以追溯到管理不善,而剩余的 25% 中很大一部分是由于招聘不慎导致的。把员工从不适合他的岗位上调离,这种纠错的代价极其高昂。

更为可怕的是,并非所有不称职的员工都会选择离开。有些会留下,但表现懒散。那会让企业在其他方面付出更大的代价:

业绩低迷、生产力差、收益下降。因此我们来分解一下前面提到的 4 个招聘法则，这样你就能把合适的人放到对的位置并朝着正确的方向前进。

1. 聘用合适的人，而非随便招个人

企业管理中的一个常见错误是，为了赶在迫在眉睫的最后期限前完成任务，找错了员工，或者找错了担任领导职务的人。

飞行员在让飞机降落前需要放下起落架，同时确保松开制动器，为的是让风吹动轮子旋转，以免轮子接触地面时不得不在一秒钟之内就从静态提升到每小时 400 多公里的转速，这在飞机降落前至关重要。只有轮子提前开始转动，飞机才能轻盈平滑地着陆。

新员工入职也是一样的。一个拥有丰富经验、相应能力和积极态度的员工，就像已经开始转动、准备平顺着陆的轮子。即便是在困难的时候，商业领袖也会花时间去找合适的人。正如斑竹人力资源管理公司的凯西曾经对我说的：

> 我们慎重选择并等待合适的人选，有时这很痛苦。
> 我们的团队一旦有人离开，我就是唯一那个具有技术专长的补缺角色。我必须承担双重任务，所以每天我都会

绝望地想:"我受不了了!随便招个人进来帮我吧!"但我知道,我必须对团队其他人负责,招进来的任何人都必须匹配他的目标岗位。

> 你聘用的员工就是你公司的基石。最终,他们会成为你最重要的资产,因此务必谨慎确定人选,不要妥协。
>
> *I LOVE IT HERE*

不要为了公司的短期需要,将公司的长期利益放在不合适的人手中。你可能已经面试了十多位候选人,但合适的人终归会出现。我可以向你保证,你的耐心终将得到回报。

不要等到出现人员空缺时才去寻找人才,也不要觉得"我现在不需要增加员工"。优秀的企业始终在寻找优秀的员工。斑竹人力资源管理公司的招聘页面上一直有这样一句话:

"没看到适合你的岗位?没问题!请把简历发过来,一有合适的机会,我们就会联系你。"

你的公司有没有可能出现临时性的人手不足?时刻关注求

职信息，而不是"病急乱投医"，才更容易找到你想要的人。

2. 尽可能从内部招聘

寻找新员工最佳的场所是公司内部。通常情况下，公司之所以从外部招聘员工是因为他们相信那样更省钱。

聘用更年轻或经验不足的员工，你所需支付的工资比从内部提拔要少，从短期来看这样或许更便宜，但从长远来看，这并不是一种有效的策略。外部招聘对现有员工有两个直接影响：

◎ 让他们看不到未来自己在公司的潜在晋升机会。

◎ 使得他们在工作上逐渐懈怠。

从长远来看，内部提拔比外部招聘更有利于公司发展。盘点一下你的员工具有的独特技能：

◎ 他们早已和公司同事建立起了相互协作和信任的关系。

◎ 他们逐步掌握了公司的内部运作方式和文化。

更重要的是，内部提拔能让员工看到自己在公司的职业发展潜力，进而提高他们的工作热情，提升敬业度和忠诚度。

> 如何从众多的员工中找到合适的人选？最简单的方法就是询问现有的员工。另外，不要忽视实习生，这个群体绝对是一座金矿。
>
> *I LOVE IT HERE* 💙💙

贝内特通信公司创始人、总编珍妮特·贝内特（Jeanette Bennett）告诉我，她非常重视实习生招聘，因为每个人都可能成为未来的正式员工。就在我们谈论这个话题的时候，恰逢一批实习生实习期满，珍妮特直接转正了其中 10 名实习生。

在外部招聘和内部提拔之间，还有一种折中的方法，那就是推荐机制。让你的员工有机会介绍他们认识、喜欢和信任的人进来，这有助于维护你的企业文化并进一步提升留任率。假如你的员工愿意介绍朋友来工作，那就表明，你所提供的工作环境能够让他们快乐、积极地工作。

值得提醒的是，内部招聘仍然是最有效的方法。假如你在考虑过内部员工之后，仍觉得这个岗位的最佳人选还得外聘也没错。但你招聘的人员要完全符合第 1 条原则，这样你才能为公司做出最佳决策。

3. 优秀员工三要素：态度、行为和性格

我们认为在招聘时这三要素和应聘者的技能同等重要。在某些领域，甚至更为重要。因为技能可以教授，但性格很难转变或塑造。过去，招聘经理通常关注应聘者的学位、学历、工作经历。但如今随着职场的变化，创新能力、适应能力、协作能力、团队精神以及沟通能力，对很多岗位来说更为重要。

这些能力很难通过简历来评估，尤其是很大一部分简历存在失真的问题。信聘（HireRight）公司 2017 年的一份报告显示，85% 的招聘方遇到过应聘者简历造假的情况。如果应聘者撒谎，你多少也就能了解到这个人的品格了。因此，这也是从你的候选人库中剔除某些人的一种方法。

查看应聘者的推荐信是很好的切入点。我们来看看下面几个例子，看看其他商业领袖是如何在招聘过程中检测应聘者的。米歇尔是一家知名公司的招聘经理，她告诉我，她总会要求应聘者提供推荐信，虽然那些推荐信除了能够验证一些基本情况之外并无多大帮助。但是她说："即便推荐信的内容乏善可陈，我也能从用词和语气中感知到某些东西。"

换句话说：先关注你的直觉，然后再去面试。最好不要一个人单独去面试，邀请公司同事或用人团队的其他员工一起去，这样才能找到适合团队的新成员。

通过面试了解应聘者的能力。帕姆·贾维斯是一家连锁儿科诊所的办公室主管。连续 7 年，这家连锁诊所的员工留任率均超过 70%。当我问及她的招聘方法时，她告诉我说："在面试应聘者时，我会一直让他们谈自己和自己的工作经历，只要你给他们机会，你想知道的，他们都会倾囊相授。"帕姆会通过以下 3 个问题，挑出合适的人选：

"请具体地描述一下，如果有一份理想的工作，它需要满足你哪些方面的需求？"

应聘者可能会回答"我希望有积极乐观的工作氛围""我希望老板和蔼亲切""我希望同事友好"。

这类信息能够帮你判定应聘者是不是合适的人选，以及你是否能够满足他们的需求。

"请描述一下你曾经工作过的某个单位，如果你希望自己的工作经历能有所不同，你会做些什么来改善它？"

应聘者要么开始抱怨"我的经理很糟糕，从来不关心我们的感受""他对我毫不在乎""她不让我休息""我总是跟不上节奏，然后他们便解雇了我"，要么会述说他们做了哪些工作去改善那种糟糕的局面。

通过这些叙述，帕姆可以知道他们是否会为自己的工作"投入精力"，还是说一旦情况变糟，便一走了之？

"你喜欢和什么样的人一起工作？为什么喜欢和他们一起工作？"

应聘者的回答可能是"因为我们总是一起吃午饭""我遇到问题的时候可以去找她帮忙"。

最后一个回答特别有价值，因为应聘者在感到困惑时，愿意寻求帮助，或者他们在不知道该如何做事时，愿意请教他人。

> 帕姆解释说："我们生活在一个面子大于一切的社会中，人们害怕寻求帮助，他们宁愿犯错误，然后拼命掩盖，也不愿说：'我搞砸了，我需要帮助。有人能帮我解决这个问题吗？'"
>
> *I LOVE IT HERE* 💙💙

乔纳森在一家零售连锁店做了 25 年的经理。他告诉我，他非常关注应聘人员的需求。虽然很多人条件不错，但也并非每位候选人都能与公司的需求匹配，你只有实实在在评估完公司的需求，才能判定公司所提供的岗位有多少灵活度。

除了简历上的信息或求职信中的内容，你要找到合适人选的途径还有很多。通常，员工与企业之间的关系，从第一次面试中就能窥见一斑。

◎　他们是否符合你的企业文化?

◎　这个岗位是否对他们具有挑战性?

◎　他们能否在公司找到目标?

这些都将是衡量合适人选的决定性因素。

最后记住一点：这个过程不仅仅是为了找到最佳人选，同时也是为了将其放到最能发挥他们优势的位置。

4. 让你的员工从事他们最擅长的工作

杰出的领导者都明白，聘用和培养优秀员工，就要把他们放到最合适的位置，让他们的能力和激情最大限度地服务于他们的工作。如果员工能在适合的环境里做最擅长的事情，他就能找到归属感，这一点是显而易见的。

如果你想让员工始终保持积极主动，就要确保分配给他们的任务和他们具备的能力相匹配。但我的意思并不是说，你不应该敦促或者激励你的员工去尝试新任务或拓展新技能，而是说你更应该想清楚，你该将他们放在哪里，把他们交给谁，以便将这些优势发挥到极致。

指导是培养员工取得成功的基本原则。从下一章开始，我们会进一步探讨该原则。但是，你还需要找到一种能挖掘员工天赋的方法，这将提升他们的业绩表现，提高他们的敬业度。

我在一家大型宠物连锁店"卧底调查"时，发现他们会根据每个员工的爱好和专长来安排员工工作的部门。喜欢并具备照料爬行动物专业知识的员工被安排在爬行动物和两栖动物部门工作。喜欢鱼类和水生动物的员工则被安排在水族馆工作。

正因如此，动物们得到了更好的照料，领养它们的顾客也得到了专业的培训，了解了他们的新宠物如何才能茁壮成长。

我知道，这看起来都是常识。但是出于某种原因，公司在仓促填补某个职位的空缺时，会把简单的事情变得含糊不清。有时候，员工最擅长的并非他们一开始从事的岗位。有时候，可能需要一段时间才能发现员工的优势和适合他们的岗位。

> 　　不要害怕改变，也不要害怕付出代价，要把员工放到最适合他的岗位上去。

　　有一次，在"卧底调查"时，我遇到一位名叫希拉里的员工，她在一家成功的服装百货公司工作了 5 年多。大部分时间她都在库房负责发货。她的经理发现，她把库房收拾得井井有条，商品摆放得比门店货架上的商品还赏心悦目。于是经理决定将她调到前厅，让她运用自己独特的整理和陈列技巧来创造精美的视觉效果。

　　在一次企业参观访问活动中，希拉里得到了高层管理人员的认可。如今，她已经是公司里受人尊敬的名人了。他们商店的陈列给每一位进店的客户带来了增值体验。

　　招聘方需要尽最大努力对岗位候选人做深入的了解。我们通过研究发现，无论是内部调动还是外部聘用，询问候选人以下问题都非常实用：

　　◎ 你的人生梦想 / 追求是什么？

◎ 对你而言最重要的是什么？

◎ 你想在职场实现什么？

了解潜在员工想要实现什么，是判断他们是否适合这个岗位的重要依据。如果你注重这点并提出正确的问题，就能逐步发现潜在员工的特长，以及他们在哪些岗位最能为你创造收益。

这些可能会涉及个人隐私的话题，并非每个人都愿意回答。你并不是要侵犯他们的边界，只是想表达兴趣和关心。大部分情况下，你的角色是导师。但是，如果你的员工都不知道他们能从你身上得到什么，你就很难成为一名导师。

还记得贝内特通信公司的珍妮特·贝内特吗？她曾经面试过一名叫迪恩的候选人。迪恩说他想加入公司，并且想开发广告代理，作为公司的一项新业务。迪恩在这方面很在行。他以前就曾为一些客户做广告代理。珍妮特欣然接受了这个提议，便和迪恩一起研究如何实现这个想法。

如果你能深入了解员工的期望、需求和动机，你就能将他们的期望和技能与公司的需求相匹配，为你创造更多帮助员工实现梦想的机会。随着时间的推移，你不仅能借助他们的能力打造出一流的团队，还将培养出敬业的团队成员，因为他们在团队中得到了重视和支持。

善用有局限性的员工

卧底调查期间，我偶尔会遇到有明显残障的员工，他们有的存在视力障碍，有的患有唐氏综合征，还有需要手杖或轮椅等移动辅助设备的身体障碍。许多招聘经理在组建团队时，根本不可能首先考虑这些人。这不仅是种遗憾，也会让他们错失挖掘人才的机会。

戴夫·亨尼西（Dave Hennessey）是图恩社区服务公司的首席执行官，公司为 800 多名成年并有发育性残障的人士提供规划服务。戴夫每天与那些人一起工作，进而发现了一种特有的现象，这与我在卧底调查时的亲身经历不谋而合。他对我说："残障人士能把某种精神带到工作场所，那会形成一种更强的归属感，强化了企业文化，给员工提供了服务他人的机会，让彼此感受到友情。"

能看到并珍惜这些机会，不害怕其局限性的领导者都有过人之处，我在参观他们的工作场所时，总是能够明显感受到眼光独到的好处。我遇到在轮胎专卖店工作的德鲁时，就感受到了这一点；在一家手机店接触到布莱恩时也感受到了这一点。

他们都患有唐氏综合征，却都为雇主创造了很多价值。无论是员工、客户还是我这样的局外人，我们都真实地感受到了那种精神和归属感。

并非所有残障人士都能胜任相应的工作。这不是歧视，只是事实。但假如你遇到优秀的残障人士，可以在你的企业中为他们找到合适的岗位让他们发光发热。招聘不仅要看技能，更要看人品。

你现有团队中的大多数人，都有自己特有的能力和局限性。正如戴夫给我指出的那样：每个人都有"残障"。我们在某些方面的"残障"比其他人甚至还要明显。鉴于我的经验，我完全赞同这个观点。

一旦你聘用了残障人士，有无数资源可以帮你把企业文化和氛围变得更加包容。美国劳工部有多项举措，帮助聘用残障人士的雇主，甚至有面试和入职培训等多方面的指导。美国再就业咨询中心也会提供很多有效的帮助，他们免费提供残障人士如何适应工作等多方面的专业意见，这些意见对于帮助具备资质的残障人士入职后最大限度发挥自身优势，起着重要的作用[1]。

---

[1] 我国也有类似的组织，例如中国残联就业指导中心。

企业越优秀，越需要强协作的团队

你遵循有效招聘的 4 个原则，重新认识、了解自己的团队，发现了身边的潜在人才。你找到了适合的外部招聘资源，改善了面试技巧，并且学会了将员工放在各自最能发挥作用的岗位。现在新的问题又出现了：怎样才能让这些人同心协力，创造出一种积极高效的企业文化？

思考一下战略专家弗里克·韦穆伦（Freek Vermeulen）发表在《哈佛商业评论》（*Harvard Business Review*）上的这个观点：

> 归根结底，企业是由员工聚集而成的。这就意味着，越是优秀的组织，越需要具备有效的方法，让更多的员工相互合作，并朝着共同的目标努力。著名管理学教授亨利·明茨伯格曾说："想一想那些你最欣赏的企业，它们成功的关键和核心就是员工强大的归属感。"

为团队找到合适的人员之后，你下一步的工作就是帮他们建立良好的关系，不仅是和你的关系，还有他们之间的关系，这是将优秀团队提升为梦之队的神秘黏合剂。

在卧底调查期间，我的一位同事说他的经理每周二都会给团队成员购买甜甜圈。周二那天，每个人都会为了那些甜甜圈提早来上班。经理后来退休了，在欢送派对上，那位同事问经理为什么总是给大家买甜甜圈？经理回答说："请客吃甜甜圈只是给大家提供了一个建立良好关系的机会，目的是让大家有机会相互了解并融入彼此的生活。"

就这么简单，但也可以说其实很复杂。在接下来的章节中，我会详细介绍各种方法，你可以用来帮助团队彼此间建立良好的关系，向他们展示同事之间应该如何相互依靠、促进信任感和团队合作，从而推动他们整体朝着正确的方向前进。

职场真诚时刻　你的团队需要怎样的人？

问题 1：假如你的企业中存在可能破坏团队的员工。他们所在的岗位对他们自身以及公司发展有利吗？为了将他们调整到合适的岗位上去，你需要做哪些工作？

问题 2：在招聘和面试过程中，哪些问题有助于你将合适的员工安排到合适的岗位上去，并帮他们实现自己的目标？

问题 3：你的公司目前是否有岗位空缺需要填补？如果有，请优先考虑现有的员工。他们中是否有人具备这个岗位所需的技能？这个人是否有潜力？

练习与挑战　招聘和组建团队

思考一下你需要什么样的人跟自己一起共事，请写下他们的特质。

现在，集中注意力，开始积极寻找具有这些特质的人。他们可能已经在你的企业中了。将他们放到合适的岗位并激发出他们的优势能力。

如果你不得不从外部招聘，那就花点时间，要招那些不光有才能，还能切实提升团队活力的人。

你团队中的每一个人都有才能，但假如他们不能很好地合作，那才能也就没有那么重要了。

一旦找到合适的人，让他们融入团队就是重中之重。

I LOVE
IT HERE

How Great Leaders Create Organizations Their
People Never Want to Leave by Clint Pulver

第 4 章

成为导师型管理者

4

> 你来这里不仅仅是为了谋生。你来这里是为了让生活变得更简单，有更开阔的眼界，对自己的未来和成就更有信心。你来这里是为了让生活更充实，如果你忘记了这些使命，你就会陷入贫困。
>
> ——提出 14 点和平原则、美国第 28 任总统　伍德罗·威尔逊

热爱自己的工作意味着什么？这是个热门话题。热爱自己的工作并不是一个可以量化的概念。它非常主观，每个人都有自己的看法。有人会说，热爱自己的工作就意味着：每天早上醒来都能兴高采烈地去上班。还有人认为：我们应该学会热爱现有的工作，而不是总试图找到完美的工作。

《野蛮进化》的作者蒂姆·格罗弗（Tim Grover）说：

> "你不用刻意追求努力工作，当你忘我地追求最终的结果时，努力工作就变得无足轻重了。"

我喜欢这句话，因为它强调的是结果。任何工作都有让人不愉快的地方。老师可能因为有机会教化和塑造年轻人的心智

而喜欢和学生相处，但那并不代表他们会喜欢和一些很难沟通的家长打交道。外科医生可能会因为能够帮助病人缓解病痛、提高生活质量而喜欢自己的工作，但这并不代表他们也喜欢完成大量相关的案头、表格和陈述工作。关键在于，当你做那些你渴望看到结果的工作时，工作本身的负面影响会变得更容易被忽略。

我曾经对飞机和航空事业很感兴趣。年轻的时候，只要是跟航空有关的工作，我都会积极参与，并且大有"不达目的不罢休"的劲头。从那时起，我就梦想能开飞机、驾驶直升机，只要是能够飞上天的东西我都感兴趣。所以当我在机场找到一份巡道员的工作时，我开心极了。

我负责给飞机加油，将它们从机库推进推出，做机身的抛光和清洁，确保机场安全有序。这不是件容易的事，尤其是我还得努力在工作和课业、约会、社交以及家务之间维持平衡，但每天我都逼着自己向老板证明，我能胜任这份工作。正如蒂姆·格罗弗所说的那样：我不在乎工作累、时间长，我每天从早上 6 点工作到晚上 6 点。

因为我对结果的渴望压倒了一切。业余时间，我还要去上飞行课，因为我立志要成为这个州最年轻的飞行员，我最终实现了这个目标。

由于我的工作热情和努力，我的工作职责也越来越多了。有一天，我按要求将一架飞机推出机库，这是我的日常工作。但就在我将飞机推出机库的时候，我听到了刺耳的声音，那是金属撞击的声音。随着"砰"的一声巨响，我的心瞬间一沉，不用看也知道发生了什么。

我跳下车，跑去查看机身破损的程度。机翼撞上了机库门，撞弯了翼尖。我羞愧万分，在这个岗位上做了这么久，我深知这次错误的代价有多昂贵。

紧张慌乱之余，我绞尽脑汁想看看还有没有补救的办法，能让情况看上去稍微好一些。我想说服主管相信这样的事情绝不会再发生。但是一切都为时已晚。无奈之下，我只能跑去向主管汇报。

我跟主管的关系很一般，这让我越发没有勇气去向他承认错误。他从不关注我，只要我早上按时到岗、完成工作，其他的事情他概不关心。他只关注我上下班的打卡记录，从不关心我是否热爱自己的工作，也不知道我为了平衡生活和工作付出了怎样的努力。

这位主管从不给员工犯错的机会，因此也就没有了学习的空间。我被要求立刻离职。因为一个不可预测的错误和一位不够宽容的领导，我的梦想一天之内就被击得粉碎。

量化员工关系与你的期望值

良好的领导力需要同情心。这是奥普拉·温弗瑞（Oprah Winfrey）、丹尼尔·戈尔曼（Daniel Goleman）等人际关系专家所普遍信奉的原则。管理者与员工建立良好关系的能力和提升员工敬业度的能力，其重要性不亚于设定目标和制定标准。把这两种能力结合在一起，是我们在成功企业的管理方式中发现的 4 个共同点。

在我们的研究中，与员工关系的紧密程度，以及对员工的期望值和要求标准的高低，常常与就业环境联系在一起，被我们用来评价管理者。

"关系"是指：当人们体会到一种持续的高度信任、喜爱、同情、友善和关心时彼此所建立起的一种情感链接。

I LOVE IT HERE 💙💙

要知道，完善关系是需要时间的，因为每一种关系都是独一无二的，所以要留心身边的每个人、每件事。对于不同的人和不同的关系来说，这种链接可能会有所不同。比如，有的人

愿意分享他们的人生梦想；有的人则比较内敛，不愿意分享，但他们也会感激别人欣赏自己。

除了关系，员工在乎的还有公司对他的期望以及对规则和标准的理解。

可以说大多数员工在入职时都了解自己的岗位职责。但遗憾的是，很多人并不清楚公司对他们的具体期望。没错，他们的职务可能很明确，但如果新员工没有接受必要的入职培训，他们可能会对为什么要履行自己的职责、该在什么时候履行自己的职责，以及该如何履行自己的职责缺乏必要的理解和认知。你的期望值可以随着你的要求调整高低，但如果表达不明确，你掌舵的这艘船，就无法顺利航行。

我在本书中提供了很多帮助管理者和员工建立良好关系的方法，可以让你们在达成共识的前提下顺畅地交流。员工关系和期望值可能很难被量化，但是透过公司管理，你可以非常有效地预判公司员工的具体行为。事实上，我们甚至可以通过表格来解释这些方法。

4 种类型的管理者及其输出的企业文化

在我们的"卧底调查"工作中，我们发现了 4 种类型的管理者（见表 4.1），而且每种风格都能对应两种领导力因素，即对员工的期望值和与员工的关系。

表 4.1　4 种类型的管理者所输出的企业文化都各不相同

管理者类型	对员工的期望值	与员工的关系	企业文化
远离型管理者	低	弱	懒散
伙伴型管理者	低	强	滋生特权
控制型管理者	高	弱	叛逆和抗拒
导师型管理者	高	强	尊重和忠诚

1. 远离型管理者

远离型管理者，顾名思义，就是那种不论是在情感上，还是在具体事务上都不过问的管理者。这类管理者常常待在自己的办公室里，仅做些不得不应付的事情，从不会去销售现场排忧解难，也不会在有人需要帮助的时候搭把手。他们自然也不会干任何体力活，比如换轮胎或打扫卫生间。

无论出于何种原因，也许是因为厌倦，或是因为疲惫，他们都视领导工作为负担。因为常常置身事外，所以他们也很难与员工建立关系。于是，他们的很多员工也往往置身事外。远离型管理者经常会说："我没法让员工专注自己的工作。""他们工作就是为了拿时间换薪水。""就算我要求，他们也不会改。"

与远离型管理者一起工作，员工会感觉不被重视，自身价值被严重贬低。通常他们很快就会去寻找新的工作岗位。

2. 伙伴型管理者

这类管理者也被称作救火型管理者，能与员工愉快相处却无法指导他们。这意味着员工需要做的管理工作比真正的管理者还多。他们能感受到管理者的关爱，却感受不到领导者的领导力和权威。

伙伴型管理者常常会以朋友的身份出现。对他们而言，表达认可和传递情感，比带领和授权每一位员工让他们越做越好更重要。你经常能听到这类管理者说："我支持你。有任何需要，随时告诉我。""没问题，这周剩下几天你去休息。"可是，一旦涉及工作标准，这种管理上的松散便会滋生出特权。伙伴型管理者会对某些员工区别对待，在他们的绩效考核未达标时打破惯例。很快这种破例就会波及全员，此时管理者该何去何从？肯定是无路可走。

员工跟管理者"称兄道弟"并且开始利用这种关系，这是管理中遇到的最糟糕的问题。起初的放纵，很快就会助长员工上班迟到，工作效率低下，想方设法降低绩效标准。而且他们希望你能够容忍这一切，因为这是朋友之间该做的事情。

我们经常会在零售行业、酒店、科技和餐饮行业中发现伙伴型管理者的身影。因为这些行业中的管理者通常都和他们的员工年龄相仿。我们曾拜访过一家公司，公司员工时常评价自己的老板"像兄弟一样"非常友善，员工想干什么就可以干什么。可惜，那家公司现在已经倒闭了。

当然这并不意味着你不该跟你的员工保持亲密的关系。这也并不是说，如果员工和管理者年龄相仿，你的公司就会陷入麻烦。但是，一旦管理者和员工的关系影响到了公司的利益，那么问题就来了。伙伴型管理者会碍于友情或者不敢拒绝而在重大决策前患得患失。员工理应能够自由表达自己的想法，但他们必须清楚并理解你是他们的领导者。关系固然重要，但界限同样重要。

3. 控制型管理者

这就是"一言堂"式的管理者，就像我在飞机机库工作时的那位主管。这种刻板强硬的管理风格，会导致员工叛逆、抗拒甚至想方设法故意破坏规则。这类管理者合作性差，惩罚

严厉。员工不是被警告，就是被扣减工资，最后被解雇。

控制型管理者在工作过程中很少关心作为个体的员工，他们把给员工发工资当作施舍。员工会经常听到这样的话"你能找到一份工作就应该知足！""老老实实去干活！照我说的做，你就不会有麻烦。"

马克是一家科技初创公司的员工，他告诉我们，他的现任主管是位说一不二的管理者，他说："大家本来都干得得心应手，那个新来的主管要求没有他的允许，谁也不许自作主张！他最终失去了很多员工。很长一段时间都很艰难。"

盖洛普民意调查显示，公司的管理者对员工敬业度的影响力占到了 70% 以上。此外，在美国只有约 30% 的员工工作敬业，而在全球范围内这个比例似乎更低。

员工懒散会给公司造成很多方面的损失，而员工懒散的主要原因是糟糕的管理。心怀不满的员工会消极怠工。有些员工出于报复心理，会偷盗财物或者故意犯错。如果员工因为不满而离职，公司就不得不支付招聘新人的额外支出。如果你无法忍受这样的管理者，最好不要成为这样的管理者。

4. 导师型管理者

与导师型管理者一起工作的员工会表现出对管理者的尊重和忠诚，并把极大的热情投入到自己的工作以及与同事的相处之中去。导师型管理者能够发现员工的价值，挖掘员工的潜力，有时候员工本人都会为此感到惊讶。

导师型管理者是指那些不断努力与员工在一起，提出问题并获得信任的人。

他们与员工之间的关系就像银行账户一样，如果你存入了足够的关注、指引和鼓励，你就可以获得更多的回报。足够的信任构建了彼此间的尊重和理解，这会让你的公司展现出勃勃生机。

重要的是要记住，作为领导，你会被员工关注。员工会观察你，看你在做些什么，看你如何应对每一次挑战。导师型管理者的意义就在于能与员工建立良好关系，尤其是在困难的情况下，具备那种能将大家团结在一起的能力。很多公司都很擅长培养员工，但培养管理者同样重要。管理者该如何着手与员工建立关系？

最有效的方法是：成为员工想要主动与之交流的对象。你的职位可能是督导，但你是否具备督导的才能，只有员工说了算。

传统型领导者做事，导师型管理者带人

只要你有过与他人打交道的经历，你就会明白，我们很难改变他人。我们每个人都只能改变自己。但身为领导者，你可以用积极的方式影响、激励和鼓舞他人，并促使他们改变自己的生活。

在做卧底调查的那几年里，我们采访了上万名千禧一代的年轻员工，了解他们喜欢 / 不喜欢什么样的工作、为何喜欢 / 不喜欢。我们发现很多员工是因为喜欢他们的老板，进而才喜欢自己的工作。

我们很少听到员工称赞自己的领导有组织、制定会议议程的能力，或者具备提高生产力的能力。相反，他们赞赏的是领导者鼓舞士气、改善关系、指导引领方面的能力。

对员工来说，这些看不见的能力才是成为一个好领导的关键和基础。我们发现如果员工对工作不满意，主要的抱怨常常会跟他们的领导有关。

> 有趣的是，当员工讨厌自己的工作时，他们会称自己的上级为"经理 / 老板 / 主管"（manager）；

> 员工喜欢自己的工作时，他们会称呼自己的上
> 级为"老师 / 导师 / 师傅"（mentor）。
>
> *I LOVE IT HERE* 💙💙

我们通过研究发现，传统型领导者和导师型管理者虽然有着非常明显的区别，但两者各有特点，都有价值。那么，传统型领导者究竟有哪些特质呢？传统型领导者的特点如下：

◎ 他们富有远见，关注公司的宏观发展，并为公司设定基调、节奏、风格和方向。传统型领导者更喜欢员工能努力追求他们设定的动态目标。通常，员工会遵循他们的议程、目标、规范和价值观。

◎ 他们必须关注全局。正因如此，他们要求员工必须尊重公司愿景，尽心尽责达成生产和销售目标。

◎ 他们是财务决策者。他们需要面对艰难的抉择，因此常常不得不甩掉那些不再产生效益的员工、产品和项目包袱，以便让他们的团队能更快更有效地前进。

◎ 他们是团队的引领者，带领其他人共同前进。

对于领导者来说，这些特点都很重要。很多公司和企业只有在这种模式的管理下，才能展现最佳的运作状态。但就影响、培养和激励员工而言，我们的研究显示，以上这些特点并不能达到导师型管理者所能达到的管理效果。与传统型领导者相比，导师型管理者是这样的：

◎ 他们会花时间进行一对一教导，关注职业发展和个人成长。导师会帮助他人进步并克服各种障碍。

◎ 他们会将重点放在员工以及员工的职业发展和个人目标上。导师会帮他人确立自己的道路、价值观和目标，甚至包括生活目标，而不是仅仅关注公司的需要和目标。

◎ 他们有能力关注员工个人，以及团队前进的方向。导师关注的是员工驱动型而非实体驱动型发展。

◎ 他们会站在员工身边，与他们并肩前行。

他们激发了让事物朝着最好的方向发展的可能性。他们是基石，是连接他们的员工与员工的梦想之间缺失的那个环节。

对于那些最伟大的导师，你总是能在他们身上发现以下的5种品质：自信、资历、实力、担当、关爱。

我们会在第 10 章对这些品质逐一深入探讨，但先请你努力对这 5 种品质保持高度敏感，在看到它们的时候能一眼认出。一旦你将它们运用到你自己的生活以及和他人相处的方式中，这些品质最终将使你有资格成为他人的导师。你的员工会感受到你的努力，相应地，他们也会主动努力与你相处。

> 最伟大的领导者是那些既能指导实践，又能指导他人的人。但不要试图指导所有接近你的人。除非你的员工敞开心扉邀请你，否则不要尝试去做导师。
>
> ——— *I LOVE IT HERE*

你要成为你的员工乐于接受的领导者，并允许员工来为健康的工作关系设定界限。

评估你搭建良好员工关系的能力

花点时间来评价一下你是如何引导员工、如何搭建员工关系的。你的长处是什么？通常，我们很擅长行业拓展和员工业务方面的培训，但在搭建员工关系方面又有多擅长呢？

领导者是能够让别人追随他的人。有很多出色的领导者能做到这一点，但他们仍然难以获得他人的信任。这是传统型领导者和导师型管理者这两种管理结果之间的关键区别。传统型领导者主要关注目标结果，而导师型管理者则关注人和通往目标的过程。传统领导力和强大的导师精神都是必要的，你同时具备这两项时，就能创造出源源不断的能量，收获更大的效益、影响力和忠诚度。

我们可以简单将其归纳为：优秀的导师能够将对方的价值和潜力无比清晰地传达给对方，最终让对方自己也能慢慢看到自身的价值和潜力。

永远不要低估你作为导师型管理者的能量，也不要低估你打动他人的能力。你能产生的影响力是无限的。这就是我希望你们从本章中获得的经验。

花点时间来评价一下你是不是导师型领导者。如实回答以下几个问题（如有需要，可参照第 65 页的管理者类型表）：

◎ 假如你是一名远离型管理者

为什么你无法和员工建立良好的关系呢？

为什么你始终要和他们保持距离？

为什么你不愿对他们提出更高的期望？

◎ **假如你是一名伙伴型管理者**

为什么你一定要先做员工的朋友，再做他们的领导？

你给了自己哪些心理暗示，阻碍了自己设定管理边界？

假如你以正常的管理者身份与员工交流，会失去什么？

◎ **假如你是一名控制型管理者**

你是如何成为一名控制型管理者的？

你是从何时开始意识到自己必须"说一不二"的？

在你的职业生涯中你是否经历过被控制的情况？

◎ **假如你是一名导师型管理者**

成为导师型管理者有哪些好处？

你如何才能继续提升自己，成为员工需要的那种导师？

你还能通过哪些改变来进一步完善指导过程？

榜样的力量：流动率降低、生产力提升

从飞机机库离职后，我应聘到一家酒店的度假村工作，度假村附近的火山口有温泉流出。刚被录用时，我觉得那是一份很棒的工作，但很快我就发现，我的老板简直就是一个暴君。

他从没对我说过一句鼓励的话。事无巨细他都要过问，还总是不停地指责我和我的同事。不久，我们就陆续离职了。我换了一个度假村，继续在酒店工作，在那儿我遇到了一位很棒的同事，我们叫他李，他是酒店的侍者领班。

李很聪明，又富有爱心。他是从一家薪资待遇很好的咨询公司离职后，来到这家豪华酒店瑟尔马特犹他酒店（Zermatt Utah Resort）从事管理工作的。他曾获得听力与言语康复学硕士学位，毕业后他的目标是成为一名医生。很快他就被妙佑医疗国际①（Mayo clinic）录用了，但在他与一位耳鼻喉科医生共事期间，他很快就发现自己更愿意与人平等共事，而不是把他们当作科学研究对象。

于是，李又回到学校，通过学习成了一名残障人士语言治疗师。他曾非常热爱这一行，但最终还是退出了。我见到他时，李已经开始了他的第三段职业转行。

当时，我对李的看法是，这位长者是我见过的人里工作最努力的。他每天早上都带着灿烂的笑容和极富感染力的热情来上班。他在度假村的主要职责是帮助招聘和培训侍者，但他也非常乐于帮助来度假村举办会议和活动的场务人员展现出最佳

---

① 于 1863 年在美国明尼苏达州罗彻斯特创立，是全球规模较大的综合性非营利医生执业组织。

状态。但他从不担心自己得不到认可。他是一个倾听者，始终关注着他人的需要，并且总是带头表扬他人。

很快我便发现，李与我之前共事过的所有管理者都不一样。从我到岗的第一天起，他就鼓励我关注自己的优势，并且找到发挥这些优势的方法。他对我说："克林特，我看到你主动跑去帮坐轮椅的老妇人开门，你帮她下车时既小心又体贴，要知道这是一件真正能改变别人生活的事情！"

于是，每天跟李一起上班变成了一件快乐的事。他跟我们这些年轻的侍者一起工作时，总是不断地激励我们。每当我们把事情搞砸或者犯错时，他都会单独跟我们交流，给我们一些建议，告诉我们怎样才能把工作做得更好。

李对我们的期望很高，他常常用自己的例子现身说法，并且言传身教加以强化。他教导我们不要过度关注小费和金钱，鼓励我们关注客人以及他们的需求。也恰恰因为如此，我们的小费收入自然而然有了大幅度的增加。

受到李指导的侍者们都学着像李那样关爱他人，致力于让客人跟我们相处时尽可能地开心愉悦。我尝试着记住客人的名字和长相，小心地照看客人的随身物品和车辆。哪怕确实犯了错，李也绝不会轻易解雇我，也不会让我觉得自己很糟糕。他会指导我，让我的思路更开阔，让我更懂自己，也更了解自己的工作。

　　李是所有与我共事过的主管中最了解我的那一位。他问过我很多问题，关于生活、学校、伴侣和梦想，等等。不只是对我，他问过很多人这些问题。有些员工是学戏剧的，还有的是学音乐的，李会去观看他们的演出，然后邀请大家一起吃饭。当有人生病或者心情不好时，他总是会表现出关心。他是一位杰出的导师型管理者，他明确地表达了他对我们的期望很高，并和我们每个人都建立了良好的关系。

　　尽管我们不完全了解李的职业生涯，但我和其他人都知道，李很特别，他有能力从事任何一种工作。

　　"你到底为什么要做这份工作？"有一天我问他，"你完全可以找一份比这薪资高十倍的工作！"

　　李只回答了一句话："我爱这份工作！"

　　他每天都在证明这一点。因为他每天都会让我们感受到，对他来说，与我们共事比拿高薪更有价值。

　　为了证实我对李的印象，我曾打电话给度假村的经理，并跟他谈到了李。他说自己有幸与李共事近 10 年，他很开心地给我讲述了很多关于李的事。他还谈道，当李最终从酒店退休时大家都依依不舍。要知道酒店业可是世界上员工流动率最高的行业之一[①]，因此我对李作为侍者领班创下的员工留任率非常好奇。

---

① 根据美国劳工统计局的数据显示，酒店业每年的员工流动率在 60%～300%。

酒店的人力资源总监证实，在李管理侍者团队近 10 年的时间里，他们只新聘用了 49 名侍者，平均每年不到 5 人，这在酒店行业是闻所未闻的。

所有这一切中最令人叫绝的是，我在采访李时问他近 10 年中曾与多少侍者共过事，他不假思索地回答："不到 50 人。"你知道他是怎么知道的吗？他记得与自己共过事的每一个人。他记得他们的名字和每个人令他印象深刻的瞬间。

身为侍者领班，李教我要充满激情地生活，教我如何服务他人，如何爱和真诚地关心他人。更重要的是，他信任我。他在我身上看到了很多我从未在自己身上看到的东西。比如天生乐观、待人有爱心，他认为我会是个好父亲，他对我未来的职业发展充满信心。我离开酒店时，已经能够很清楚地预见自己会过上更好的生活。从李那里学到的经验已经融入了我的日常生活，我知道了该如何更好地提供服务，如何更加努力地工作，这让我很快就在新转入的医药销售行业取得了成功。

如今我明白了，李就是一个异类。他的人生令人惊叹，这位老先生年轻时想当医生，之后变成了教育家，接着成了侍者领班，如今他已经过了退休年龄，又决定重返职场。这一次他加盟了"缺德舅"连锁超市①。上班第一天，当超市主管看到

———————

① Trader Joe's 是北美著名的连锁超市，"缺德舅"是它的谐音。

李与客人相处时的那份真诚，当即请他对其他员工进行指导。你知道有多少人能在上班的第一天就被任命为培训经理吗？我认识的人里只有李。

我希望作为侍者领班的李能帮助你认识到这一点，你也可能以自己的方式成为与自己完美契合的导师型管理者。

在商业领域，设定目标，引用数据或者理解企业的使命、价值观，对于我们来说，都没有问题，而且我们能做得很好，因为这些通常被视为最优先事项。

> 最难达成的是建立良好的员工关系。那正是一般公司所缺失的。要将建立良好的员工关系和提出更高的企业标准放在同等重要的位置。
>
> —— *I LOVE IT HERE*

只有这样，你才能打造一个充满能量和激情的员工团队，有了充满能量和激情的员工团队才会有更高的生产力。

每一位员工都有自己与生俱来的愿望，那就是变得比当下的自己更好。**作为一名导师型管理者，你的机会就是抓住每个人内心那一丝尚未燃烧殆尽的激情，并小心翼翼地为其注入活力。**

　　通过努力，你可以帮助员工认识到，这个世界能为他们提供什么，而他们又能为这个世界提供什么。你可以鼓励他们不仅要成为团队中的佼佼者，而且要成为团队的支柱，甚至公司的支柱。

职场真诚时刻 **你是一名导师型管理者吗？**

问题 1：回想一下你最近指导员工的经历。什么促使你去指导他们？

问题 2：员工对你的指导有何反应？你们是否因此建立起了良好的关系？

问题 3：你如何能做到既能更好地、明确地表达期望，又能与员工建立起更亲密的关系？作为导师，你会如何跟员工建立起彼此之间的信任？

练习与挑战 **盘点能学以致用的带人技巧**

想想你生命中遇到过的那些优秀的导师并写下他们的名字。至少列出 3 位。

这些导师拥有怎样的价值观和品质？

是什么让他们在你的生命中如此重要？

你为何愿意与他们相处？

你怎样才能像那些优秀的导师一样对你的员工产生同样重大的影响？

你需要提升哪些个人品质以便与员工建立起更加紧密的关系？

I LOVE IT HERE

How Great Leaders Create Organizations Their
People Never Want to Leave by Clint Pulver

第 5 章

个性化赋能

5

I LOVE IT HERE

> 成功不止在于你个人取得了多少成就，
> 还在于你激励他人取得了多少成就。
> ——拥有 40 年从业经验的高管教练　特里·维尔德曼

　　保持安静对我来说一直是一件挺困难的事。五年级时，同学们给我起外号，他们叫我"发电报的"，因为我总是不停地敲桌子。大多数时候，我甚至都不知道自己在动。如果我的手不动，脚就会不由自主地动，反之亦然。这种动作往往发生在我试图集中注意力的时候，比如阅读或者听老师讲课时。我不怪别人嫌我烦，因为假如你坐在这样一个不停地按笔头或者跺脚的人身边，你也会恼怒的。

　　有一次，一位老师因为我没完没了地发出噪声扰乱了课堂秩序，终于忍无可忍，便把我送到了校长那儿。之前我从未去过校长办公室，这让我非常紧张。沿着大厅走向他的办公室，我故意放慢脚步，尽量让自己走得像普通孩子一样，我试图逃避这无可避免的一幕。我觉得自己肯定会受到惩罚。对一个孩子来说，至少对于我们那一代的孩子来说，城市里有监狱，学校里有校长办公室。校长办公室就好比刑讯室。

走进校长办公室的门，校长正一脸严肃地坐着等我。他看起来就跟我想象的一样可怕。

"发生了什么事？"他问道，"为什么老师让你来见我？"

我曾在心里演练过无数种回答。但最后，除了真相我什么也说不出来："我……我……我想是因为……我上课敲打桌椅。"

校长惊讶地看着我。

"因为敲打桌椅？"他皱起了鼻子，一脸疑惑地看着我瘦小的身板。

"是的。"我回答。我突然间觉得自己本应该撒个谎，而不是实话实说。让他明白我是因为敲打桌椅而被老师送来校长办公室的为什么那么难？"其实我并不知道自己在敲打桌椅，"我接着说道，"我发誓我不是故意这样做的，我就是忍不住。"

"嗯！"他点点头。显然他不确定该如何处理这种情况。想了片刻，他从办公桌那头探过身来说："这样吧，我送你回教室，但我们要做个约定，当如果你感觉你想敲打什么东西的时候，我要求你直接坐在自己手上。"

"好的！"我回答。这个要求跟我在来他办公室的路上想象的那些折磨人的惩罚比起来真是不值一提。

我静静地走回教室，坐到自己的位子上，试着专心听课。不到五分钟，右手便又开始敲打课桌。没敲几下，校长的声音就在我耳畔响起："克林特，坐在自己的手上。"

我默默地扫了一眼周围的同学，确信没有人关注我，于是迅速把双手塞到屁股底下。我认为坐在自己的手上是很怪异的行为，但这又能算什么呢。对于我这个年龄来说，大人们要求的很多事都很荒谬。尽管手掌被夹在屁股底下有些不适，但我还是竭尽全力将注意力集中到课堂上。然而安静了没多久，我的脚就开始不由自主地拍打地板了。

我仰天长叹，我是不是应该坐到自己脚上去呢？这种方法看来注定是要失败的。

当时教我们英语的老师名叫詹森，他教书很多年了。他满头银发，鼻子上摇摇欲坠地架着一副和可口可乐瓶底一般厚实的大眼镜。他经常穿着背带裤，系着一条红色的领带。

有一次我在他的课上又开始敲打桌椅了。他停下来，扫视课堂。目光最终落在我身上，他那双大眼睛透过那副厚厚的镜片显得更大了。

"克林特·普尔弗！"他厉声说道。教室里每个同学的眼睛瞬间都盯住了我。我从椅子上滑下来，想要缩进课桌里，但课桌不够大，"是你在敲吗？"

大人们总是喜欢明知故问。所有人都知道是我。我敢肯定，当时的情形就好像是都市快讯的标题一样，在每个人的脑海中浮现：克林特在课堂上大声敲打桌椅。

我沮丧地点头承认。其实我跟大家一样也对自己感到恼火，对自己的肢体感到恼火。但我就是忍不住。

"下课后你留下来，我们谈谈。"他说。同学们都瞪大了眼，我觉得那种眼神就像是看一个被判了绞刑的人。

恐惧和焦虑顿时涌上我的心头。我几乎被学校里的每一位老师呵斥过，也被送到校长办公室去过。因为不满我在课堂上敲打桌椅，他们甚至对我进行过侮辱。现在轮到了詹森先生。他又会如何对我呢？

下课铃响了，大家都忙着收拾课本，喧闹声和聊天声响成一片，同学们很快就兴奋地涌出了教室。没几分钟，嘈杂声消逝成一片安静。我仍坐在自己的椅子上。教室里空荡荡的，只剩下我和詹森先生。

他看了我很久。他的脸上并没有大人们谈到我敲打桌椅时那种严厉或失望的表情。他拖了一把椅子，将它摆在自己身边，然后示意我坐下，跟他聊聊。

"知道我为什么让你留下来吗？"他问。

"知道，"我回答，"因为我上课敲桌椅。"

"你可是学校里的热门话题，"他调侃道，"他们说你是个捣蛋鬼。至少，老师们是那样说的。"

我没说话，注意力转向已经开始摆动的双脚。我没法否认这些说法。我知道自己在大家心目中就是一个捣蛋鬼，是个问题孩子。这些都是贴在我幼小的心灵上的标签。

"他们告诉我，你没法安静地坐在课堂上，"他接着说道，"你总是坐立不安。"

"詹森先生，很抱歉，我不是故意的。相信我。我只是……"

詹森先生打断我说："克林特，我一直在观察你，我注意到每次你在我的课堂上想要集中注意力听讲时，你的右手就会开始动。"詹森先生抬起右手开始晃动，然后他又抬起左手做了同样的动作，"接着你的左手又会以一种完全不同的节奏晃动。"他放回双手的时候咧嘴笑了。我也跟着笑了笑。

"你知道对成年人来说这代表什么吗？"他问。

我摇摇头。

"这叫一心二用。"

我以前从未听说过这个词，也不知道他在说什么。听起来像是科幻小说里某种奇怪的外星疾病。

他察觉出了我的困惑，对我说："我来告诉你这是什么意思。试试看，你是不是能一只手拍脑袋，另一只手揉肚子？"

我试着用一只手轻拍脑袋，同时用另一只手揉肚子。完全没问题。

"现在听我的指挥，拍肚子揉脑袋。"我按照詹森先生的要求做了。

"再换回来。很棒！"他说，"现在再对换。再换一次。"

我反反复复地做，不断地按照他的要求变换方式。这些动作需要我集中精力，但我的左右手完全可以独立活动，这对我来说毫不费劲。

詹森先生靠在椅子背上笑了起来，仿佛是在对自己说："我就知道是这样的！"

"克林特，"他说，"我认为你没问题。你是个天生的鼓手。"然后他拉开办公桌最上面的一个抽屉，伸手拿出一副鼓槌，郑重地递给我。

我接过鼓槌，心里惴惴不安。那时我才十岁，根本没有意识到这件事的重要性，也没想到这个看似简单的行为会改变我的人生。

詹森先生对我提出了一个要求，他说："克林特，这对鼓槌送给你，我希望你能答应我一件事。"

"什么事？"我的眼睛盯着鼓槌，全部心思都在自己拥有的这对新鼓槌上，随口答道。

"答应我，当你感觉自己无法控制自己的精力或者手脚止不住要动时，就拿起鼓槌来击打。总之要一直拿在手上，看看会发生什么。"

"没问题！"我高兴地回答。

转眼 22 年过去了，后来的每一天，我都努力履行对詹森先生的承诺。在读大学时，我组建了校内第一支乐队，取名"绿人组织"。大学毕业后，我在 NBA 犹他爵士队的鼓乐队执教了 4 年。直到今天，我创办的、与乐队同名的"绿人组织"仍然为大学生鼓手提供最高额的奖学金。作为一名职业鼓手，我曾经在世界各地巡回演出并录制唱片，也参加过"美国达人"秀①。

我在学校时获得的音乐奖学金和乐队商业演出的收入使我有能力支付大学的学费。我很幸运，自己从大学毕业并取得学士学位时没有任何学生贷款。我说这些并不是为了夸耀自己，也不是为了得到认可。我是为了向大家展示，詹森先生对我的生活产生了巨大的影响。那是一个让我的生活变得更加美好的时刻，詹森先生就是那个把问题转化为机遇的人。

艾萨克·牛顿爵士曾说过："如果我看得更远，那是因为我站在巨人的肩膀上。"我能够在人生道路和自身潜力上看得

---

① 美国达人秀（America's Got Talent）是美国 NBC 的真人秀节目，选手来自各行各业，不限年龄，角逐 100 万美元的奖金。

更远，是因为詹森先生有一颗无比包容的心，允许我站在他的肩膀上。你的员工需要你为他们做同样的事情。让他们站在你的肩膀上，或者助他们一臂之力，让他们能够在自己的人生道路上看得更远，并能逐步意识到自身的某些优势和潜力。

有很多鼓手，速度比我更快，技巧比我更完美，比我更有激情。我之前曾经说过，现在还要再说一遍，因为这是我从这段经历中总结出的最重要的经验：

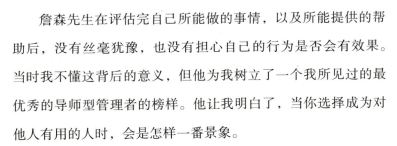

重要的不是成为世界上最有用的人，而是成为对世界最有用的人。

I LOVE IT HERE

詹森先生在评估完自己所能做的事情，以及所能提供的帮助后，没有丝毫犹豫，也没有担心自己的行为是否会有效果。当时我不懂这背后的意义，但他为我树立了一个我所见过的最优秀的导师型管理者的榜样。他让我明白了，当你选择成为对他人有用的人时，会是怎样一番景象。

詹森先生那天为我所做的一切，和我在卧底调查中感受到的一样，他在打造持久的职业忠诚度方面创造了奇迹。詹森先生发掘出了我的价值和潜力。慢慢地，我也在他的引导下看到了自身的价值和潜力。假如你也能帮助你的员工发掘他们的价值和潜力，他们的敬业程度和工作状态将完全不同。

我们并不是总能对眼前或者内心的东西有着清晰的认识，直到有人能改变我们的认知。认知一旦被改变，我们看待和内化信息的方式也会随之改变。一旦思想开始转换，行为也会跟着转换。你有机会改变员工的认知，转换他们的行为模式。你也能成为某些人的詹森先生。

如果你认为价值和潜力是每个人内心两个带锁的盒子，那么钥匙是什么？帮助别人认识到自己的价值需要得到别人的认可。让一个人明白自己的潜力需要给他们大量成长的机会。

> 价值源于认可
>
> 潜力源于成长机会
>
> ──── *I LOVE IT HERE*

如果缺乏认可和成长机会，员工在工作中就很难发现自身价值、看到成功潜力。作为一位导师型管理者，你有责任创造一个鼓励成长和培养潜质的环境。

但是应该怎么做呢？从哪里入手呢？发掘潜力是件很棘手的事，本书大部分的内容都是关于发现、培养和指导员工发挥潜力的。我们在上一章讨论过潜力，在第 7、第 8 和第 11 章中会进一步深入探讨。然而，认可却是一件很简单的事。现在我们就来仔细分析一下。

7 种方式给满打工人的"情绪价值"

告诉员工你在他们身上看到了哪些良好的品质，可以让他们感觉到自己的价值。

我在卧底调查的过程中整理了员工对"梦中情司"的回应，以及围绕这一主题的相关文化。我发现，认可是提升员工满意度的一个重要因素。

当然，小企业不同于大公司，表达认可的方式在一家企业能够奏效，不意味着在另外一家企业也能够取得成效，但在不同的企业文化中，表达认可的方式有很多相似之处。我们一起来看几种最常见、最成功的方式。

口头表扬。我们从小就渴望得到语言上的肯定。小时候，当我们学会爬行、走路、说话、做家务，取得好成绩、进入大学、找到新工作，我们都会得到鼓励和赞扬。

这种肯定并不能满足我们的情感需求，只是让我们知道自己一直走在正确的道路上。

布兰登是一家在线营销公司的员工，在一次会议中，他们的经理花了很长时间，走到每一位员工身边，跟大家分享在节假日期间这位员工为公司的业务增长所做的贡献。经理着重指出了每个人的优点，以及每个人具有的好品质。

对员工来说，这种口头表扬，比聚餐或者庆祝活动更有意义。这正是布兰登最珍视的东西，这位经理也因此收获了员工的信任和忠诚。

提供经历。我们生活在一个鼓励人们"尽情享受当下""珍惜生命只有一次"的环境和时代中。人们喜欢把自己的日常生活发布在社交网站上。

年轻一代更珍视人生经历而非拥有物质，作为礼物他们更喜欢收到礼券或者活动的门票而不是实物。年轻人喜欢用这些礼券或门票参加跳伞、潜水、冲浪、高空滑索、按摩、听音乐会、看戏剧、参观艺术展、观看体育赛事等更具有私人定制特性的活动。

如果你是想法比较传统且实际的人，你可能会考虑购买有投资价值的物品，但是，这类物品在年轻人看来会很奇怪，或者没什么意思。

请相信我：给你的员工留下难忘的经历，他们会在接下去的几个月里通过各种社交平台与朋友们分享。那才是用钱也买不到的吸纳人才的好机会。

I LOVE IT HERE 💙💙

给予自由。我们走访调查过的很多公司都会给员工无限期的假期，只要他们能够保质保量按时完成工作。这是职场中一种有影响力的新趋势。人们可以根据需要自由上下班，只需确保履行好自己的工作职责。对雇主来说，他们无需关心员工上下班时间，只需关心其工作质量。这会向员工传递信任的信息，并激励他们高效地利用时间，而不是滥竽充数。

你甚至都可以允许员工在家办公、晚上上班或清晨上班。通过给员工自由安排工作日程的权利，表现出对员工的信任和认可。有人可能会对此持保留意见。万一他们滥用这种秩序怎么办？第一时间招对人将有助于缓解这种被动的局面。

提供餐饮。你可能认为这项福利有点浪费或者没有必要，但它带来的好处比你所能想到的还要多。为员工提供餐饮实际上可以节约他们出去吃午饭或喝咖啡的时间和精力。如果你的公司不能每天都为员工提供午餐，增加免费餐饮的频率和次数也是有效的。周二提供"早餐"，或者每周五举办一次"蛋糕分享日"，这些特殊的工作日仪式不仅可以帮助员工保持旺盛的精力，还可以为他们提供一个互相了解、建立感情的机会。

就像我在第 3 章中提到的那些甜甜圈，它们帮助经理凝聚了整个团队。提供餐饮是最值得推荐的方法，想想看，你能提供哪种形式的免费餐饮？不起眼的免费餐饮绝对是"小举动能有大作为"的方式。

金钱奖励。显然，加薪或者发奖金，永远都是备受欢迎的奖励方式，也是一种很好的认可方式。给予员工金钱奖励，不仅能够表达认可、表现慷慨，也是公司处于良好运营状态的表现。员工会更愿意干好工作，并且会更享受工作。

这里需要强调的是，很多人认为年轻一代对金钱的重视程度不如老一辈，因为对年轻人来说，目标永远大于财富。没错，他们确实很重视目标，但你必须记住，他们也很重视金钱。如果有人说现在的年轻人并不在乎钱，你要清楚，根本就不是那么回事。基于多年的采访和研究，我的粗浅看法是：金钱，作为一种认可方式，永远广受欢迎。

提供有趣的玩具和礼物。运动相机、高科技的小玩意儿、无线耳机、运动装备、手表、书籍等都是可以用来表示认可和感激的礼物，它们会给员工的生活带来欢乐，让他们铭记很长时间。但是，礼物要送得合适、送得独特是需要花些心思的。如果你不花心思就随意送出礼物，很可能会送出冒犯对方的、不妥的物品，礼物最好不涉及性别、宗教信仰和个人禁忌。

另外，公司制作的纪念品，比如帽子、衬衫、健身包、运动水壶等物品也是随手可得的奖励物品，而且可能是更经济实惠的选择，但务必确保企业标识和设计简洁、大方，并在你能承受的范围内把品质和实用性做到最好。一件既廉价又不实用的物品，或者穿戴不舒服的物件，员工根本不愿意在公开场合穿戴或使用，这样的物品与其说是礼物，倒不如说是负担。

给他们颁奖。颁奖是荣誉的象征。把员工的名字刻在有形的物品上。无论是奖牌、奖杯还是奖章，就是那种值得被摆放在壁炉架上，并且有纪念意义的物件。如果你耗费了几个月的时间终于获得了一家大客户，而公司只是给你颁发了一份打印出来的证书作为该项目的奖励，这完全无法与你所付出的一切相匹配。另外，你可以在公司的交流平台或是大家都关注的社交平台上公开表彰该员工，这会让他们有实实在在的成就感，让他们的形象在公司得以提升。

这些形式的认可不一定需要来自最高管理层。事实上，点对点的尊重和认可更重要。无论是直接提名还是公司内部投票，

甚至可以举办颁奖晚会之类的公司活动，你还可以邀请员工的
家人和好友参加。通过这种方式，鼓励整个团队关注周边人取
得的成就。这会让组织中的每一个人都习惯去关注他人的优点，
把注意力集中到他人的优点上去，而不是揪住别人的缺点不放。

> 无论你选择哪种方式，最重要的是要尽最
> 大努力对个体表达个性化的认可。
>
> *I LOVE IT HERE*

你在了解员工的时候，要仔细倾听他们工作之余谈论什么，
大胆地问问他们喜欢什么。每个人的需求点不同，直接问每位
员工他们喜欢得到什么样的认可，这绝对是提供他们最珍视的
独特认可的好办法。在表达认可时记住两个关键要素，那就是：
问清楚和个性化。

有必要提醒的是：只有出色完成工作的员工才能给予奖励
和认可。要关注员工的进步、性格成长和工作成就，并明确告
诉他们为何会得到奖励。无论是加薪、活动奖励、礼品卡、口
头表扬，还是一张感谢卡，在表达任何形式的认可时都要告诉
他们获奖的原因。这会让他们知道自己一直被关注着，更重要
的是，被关注的是自己带来的价值。

最佳雇主：4 种行为从有效指导到大胆提拔

正如我之前提到的，为员工提供成长机会是个持续的过程，需要融入领导力的各个方面——从选择团队到发展关系，从内部指导到提拔，再到审视和完善自己的管理风格。你也可以采取一些日常步骤,让员工明白他们的成长对你很重要。我们研究发现，以下 4 种行为更容易给员工提供成长机会，它们分别是：

◎ 挖掘员工的潜力，并激发出来。
◎ 做员工个人和职业发展的投资人。
◎ 给员工提供专业培训、演讲和研讨会。
◎ 提供相关引导。

接下来让我们逐条深入探讨，这样你就知道该如何将它们融入日常的工作中去了。你要确保你能提供给员工足够多这样的机会，这有助于员工对你产生信任，让他们感受到你在为他们的未来着想。

1. 挖掘员工的潜力，并激发出来

告诉你的员工，你在他身上看到了未来的领导者，或者其

他任何可能激励他们的职业机会。你还可以跟他们谈谈他们的表现、优势和能力，以及那些能为企业的未来包括他们自己的未来带来好处的潜力。

还记得侍者领班李将我拉到一旁说我和客人的相处方式，显示出我潜在的独特能力吗？那对我来说意义重大，我会永远铭记。与我们交谈的员工也经常谈到自己的优势和潜力被发现的那些时刻。但别忘了将潜力激发出来。

2. 做员工个人和职业发展的投资人

投资员工的个人和职业发展可以产生非常积极的效果。通过真诚对话，你不仅能了解员工的职业规划，也能够了解他们想成为什么样的人。这里有一个简单有效的方法，那就是给他们送书。

我曾经采访过一位员工，他的经理每年都会送员工一本有关个人发展的新书，每本书都经过挑选，以匹配该员工的个人和职业目标。

对于经理来说，他事先读过这些书，为的是更好地了解员工，确保它们值得员工花时间去阅读。当然，并不是每个人都喜欢读书，也不是每个管理者都有时间读书。关键在于，要学会如何以适合员工的方式对他们的发展进行投资。

3. 给员工提供专业培训、演讲和研讨会

假如你曾见过优秀的演讲者侃侃而谈，你就知道他们的感染力有多强。

> 让员工从陌生人口中听到你一直想要传递的信息更有激励的效果。
>
> *I LOVE IT HERE* 💙💙

务必要选择有些名气的演讲者，并且让他在你选择主题、邀请嘉宾时提前介入你的团队。

管理者送员工去参加研讨会、课程培训，或者专业的开发大会，哪怕是线上活动也能向团队成员表明你愿意为他们的职业和生活投资。他们想要学习什么样的技能或技术？他们是否跟上了最新的编程语言和网络技术发展的脚步？

我见过很多公司提供生活技巧培训，比如谈判、育儿、压力管理、家庭理财，等等。相反，我也见过有些公司在提拔员工进入管理层时排资论辈。这的确打开了内部晋升的通道，但如果不提供任何培训来帮助他们了解新的岗位职责，那肯定行不通。

如果你想培养未来的领导者，你得教给他们一些方法来提升他们的领导能力。遍布美国西部的服装连锁店波姆

公司（Böhme）的首席执行官兼联合创始人费尔南达·波姆（Fernanda Böhme）告诉我，她的主要目标之一，就是确保自己的员工知道：只要他们想，永远都有晋升的机会。

"我们一直告诉员工要自己创造自己的未来！"她说，"波姆公司不会阻碍任何人发展。如果你有潜力，我们会把你放在有助于你成长的地方。"费尔南达说到做到。

他们公司的办公室里长期举办针对不同领域的研讨会，其中包括橱窗展示、平面设计，任何感兴趣的员工都能参加。员工可以实实在在地学习到实现自身目标所需的技能。

他们的方法很奏效。波姆公司跻身 500 家成长最快的股份制企业行列，被评为由女性经营的、表现最优异的企业之一。该公司曾被《华尔街日报》（*Wall Street Journal*）、《福布斯》、《美国周刊》（*Us Weekly*）以及《时尚》（*Cosmopolitan*）专题报道过，并被《盐湖城论坛报》（*Salt Lake Tribune*）长期评为最佳雇主之一。

4. 提供相关引导

优秀的导师知道如何为他人打通梦想之路。大部分企业确实擅长培养员工，但有时候会缺少引导。这是一种巨大的损失，就以我和詹森先生的那次经历来说，当时他送我那对鼓槌并要求我承诺开始练习，正是因为他的引导，神奇的事情就此发生了。

我的母亲是培养我的高手，现在她仍然是。我学会了很多有价值的技能，养成了很多良好的习惯。12 岁那年，我实在是很想要一套架子鼓。于是我悄悄地告诉她我的愿望。

"我一直很用功，"我说，"努力好好学习，还做了很多练习……我真的很想要一套架子鼓。"

母亲看着我说："这很好。不过你最近看过自己的成绩单吗？"

我垂头丧气地叹了口气。我知道自己的成绩不理想。

母亲轻轻地把手放在我的肩膀上说："什么时候你能把成绩单里的 C 和 D 变成 A 和 B，我们一定会给你买一套架子鼓。"从那以后，她不断地鼓励我学习，帮助我提高各科成绩，解答我的问题，督促我按时完成作业，同时她始终坚持设定的标准和对我的那些明确期望。

这就是培养。她努力让我达到我们共同设定的目标。

而我的父亲则是一位引导者。我和母亲第一次谈论"购买架子鼓"这个话题时，他正坐在起居室另一端的电脑房里。我走过电脑房门口时，他从椅子后面探出头来，低声说："克林特，过来。"

我困惑地走到父亲身边。他靠近我说："我听到你跟妈妈说的话了。"

"是的。我想要一套架子鼓,"我回答,"我一直在很努力地学习。"

父亲站起身,走到书架前,书架最底层放的都是他的老 CD 和唱片。他抽出一张前卫摇滚乐队的 CD,递给我,指着封面上一位乐队成员对我说:"这是乐队的鼓手。他会改变你的生活。拿去听听。边听边学。"

我心烦意乱地点点头,准备离开去检查手头的作业。

"哦!等等,等等!"父亲喊道。他又从第二个架子上抽出一张 CD。他指着另一位音乐家的照片说:"克林特,瞧瞧这位鼓手。这家伙可是残疾人。他只有一条胳膊,却成了个鼓手。"

起初我只是惊叹于这个家伙只有一条胳膊却能打鼓,但最终我明白了这背后隐含着不服输的寓意。在我的成长过程中,从父亲身上学到的远不止这些。

引导和培养对于成长而言两者都至关重要,这一点如何强调都不为过。我的母亲始终注重培养我的技能,帮助我长大成人;我的父亲知道我有梦想,于是给我展现了各种可能,他引导我,为我指引方向。

还记得第 3 章提到的帕姆·贾维斯吗?她曾给我分享过一个故事,也是一个能够说明引导意义重大的绝佳案例。

帕姆的一名医疗助理很不善于跟其他同事合作。这位医疗助理不愿与人交流,总是很消极,态度恶劣。一天,帕姆无意中听到护士培训师希瑟想请业务优秀的医生承担一部分培训工作。这位状态糟糕的医疗助理是诊所里最擅长检测哮喘的专家,于是帕姆立即要求希瑟安排她负责给全体医护人员培训这方面的技能。

希瑟很不情愿把这项工作分配给她,说她是诊所里最差劲的医疗助理。但帕姆告诉希瑟要相信她。于是希瑟找到这位医疗助理,问她是否愿意接受这项任务,并且强调因为她是这方面的专家,所以由她来培训,定能提升护士们的专业技能。

你知道结果怎样?她满心欢喜地接受了任务。她开始跟同事们交流,与他们共进午餐。我不断收到关于她被大家认可的反馈。这也增强了她的信心。

> 除了给她机会分享她真正擅长的东西,我们什么也没做。
>
> *I LOVE IT HERE* 💙💙

这个故事中我最喜欢的部分是：帕姆说她所做的，只是给了这个人发挥自己优势的机会。通过发掘那位医疗助理的价值和潜力，帕姆激发了她的工作热情，然后引导她去把握展现自我的机会。这不仅是打造人才，也有助于打造企业。

你的每一位员工都希望被企业需要，被领导认可。你要做的就是给他们机会，让他们展示自身的潜力和价值，这并不是为了满足某种权力感，这才是管理的正道。你要帮助与你共事的员工最大限度地喜欢上自己。这样的管理者才是把人性重新融入职场的管理者。

优秀的导师会为他人打通实现梦想的渠道。

职场真诚时刻   你的员工获得成长机会了吗？

问题 1：你如何帮助每一位员工塑造对自己的看法，并鼓励他们看到自身价值？

问题 2：你为员工的个人和企业的集体发展做了哪些投资？

问题 3：为了增强员工认可度、加速他们的成长和发展，你能实施哪些计划？

练习与挑战   为员工做职业规划清单

列一份团队成员清单，记录下他们在公司的发展方向以及他们需要采取的步骤。

列出你认为有助于他们成长的自身优势和其他特点。

在与员工互动的过程中，告诉他们你对他们未来的期望，让他们知道自己在你公司的未来。

I LOVE IT HERE ♥♥

I LOVE
IT HERE

How Great Leaders Create Organizations Their
People Never Want to Leave by Clint Pulver

第6章

用"简单"表达
对工作的热爱

6

> 要想在性格、举止、风格，乃至所有事情上达到最高境界，
> 秘诀就是保持简单。
> ——19 世纪美国最伟大的浪漫主义诗人之一
> 亨利·沃兹沃斯·朗费罗

杰出的企业家们始终努力让事情简单化。这种努力体现在他们管理的方方面面。无论是商业模式、企业宗旨，甚至包括他们的个人生活。"简单"一直是他们取得成功和发挥领导力最重要的秘诀，这对员工的生活也有着巨大的影响。我们采访的那些员工总是会用"简单"这个词来表达自己对工作的热爱。他们会说企业文化简单、领导简单、公司发展方向简单，就连自己的工作职责也很简单。

87% 的企业输在了愿景"低共鸣"上

只要方向正确，你只需一直朝前走。不幸的是，企业发展中最大的问题是，多数员工不知道公司的发展方向是否正确，

更不用说他们自己的职业发展方向了。很多企业都有一系列的愿景和核心价值观，但绝大多数员工根本不知道。我做过很多次主题演讲，在演讲过程中我经常向在场的管理者和首席执行官提这样的问题：假如把话筒交到你们的员工手中，让他们解说一下公司愿景，员工能否回答正确？能否解说准确？

我们研究发现，当多数员工谈到公司愿景时，有的人感到困惑，有的人记不起来，还有人一副 "什么时代了，还谈愿景？" 的态度。大约 87% 的人背不出自己公司的核心价值观、企业宗旨或者目标。很多人会说："呃……我不清楚。""我记不全了，大概记得一部分！" 偶尔我们还能听到这样的回答："我不知道……是不是'今天工作不努力，明天努力找工作'？"

当不断地听到类似的回答时，我们捕捉到了一个普遍性、系统性的问题。但同时，我们剩下 13% 的员工身上找到了解决方案。这些员工明确地知道公司的愿景以及它的来源。而这些员工往往对自己的工作也抱有更加积极的态度。

每个企业都有明确的愿景、发展目标、核心价值观。无论是对企业，还是对员工而言，愿景都是传达目标的关键。那些员工之所以能将愿景和核心价值观内化，是因为他们公司的领导者始终让这些内容保持简单易记。

威服（Weave）公司是我所见到过的，能做到这一点，并且做得最好的公司之一。这是一家新兴的科技公司，它打造了一个强大而独特的平台，旨在改善企业的日程安排、客户响应效率、在线品牌、团队工作流程以及营收能力。威服在创立第3年就取得了增长率超过 100% 的好成绩，然而他们重点关注的仍是员工。正因如此，在过去两年中，他们的产品及工程团队无一人离职。

我拜访威服联合创始人布兰登·罗德曼（Brandon Rodman）时，曾跟他讨论过是什么推动了公司的成功。他分享说：他们一开始成立公司的时候，确定的企业愿景又长又复杂，以至于没人能够记得住。于是他们大刀阔斧地简化了它，让它变得简单易记。最终他们将一切归结为 3 个核心价值观：

"充满渴望、富于创意、爱心满满。"

这已经够简单了，但他们觉得这还不够直观醒目，他们的愿景必须令人过目不忘。于是他们给每个核心价值观分别配上了吉祥物：熊代表充满渴望，大猩猩代表富于创意，树懒代表爱心满满。威服公司是我见到过的，在"要事要办"方面做得最好的公司。走在威服总部的办公大楼里，你随时会发现，那些标语都配着熊、大猩猩或者树懒的形象。有的是照片，有的是毛绒玩具。威服的任何一名员工都能清楚地告诉你，他们的核心价值观是什么。简单，但极为有效。

威服公司从销售部到软件开发部，都有支持这三大核心价值观的一些具体举措。因此每个部门都可以根据自己的具体职责和角色，因地制宜地体现这些价值观。"每次公司作出重大的决定，我们都会跟员工解释为什么要这样做，以及它是如何体现三大核心价值观的，"布兰登说，"我们在威服的工作、生活都与三大核心价值观紧密相连。"

2019 年，威服公司的员工在圣诞节期间向当地的慈善机构捐赠了重达 11 228 公斤的包装食品。他们这样做体现了"爱心满满"的价值观。有位员工告诉我们，有一次他的儿子得了重病，他急急忙忙请假回家照顾。等他回到办公室时，发现办公桌上放着一个装有 450 美元现金的信封，那是他们销售部的同事捐赠的。布兰登解释说，这就是"爱心满满"的价值观在威服每天都得以践行的实例。他说："公司始终在寻找机会帮助和支持公司内外那些需要帮助的人。"

在"富于创意"方面，威服给了员工充分的自主和自由，让他们可以毫无顾虑地创新、大胆地提出想法。布兰登说，威服鼓励人人创新，公司管理者不会忽略任何人的任何想法。

就拿该公司最具成效、最有影响力的一项创意来说，它是由一位服务部门的一位初级员工杰西卡提出的。威服是一家医疗软件公司，他们起初开发的软件只适合于当地的独立专科诊所使用。但由于公司给了员工自由创新的机会，当时在呼叫中心担任客服的杰西卡提出了一项新的营销创意，将目标客户锁定为连锁综合性诊所而不仅仅是独立专科诊所。

杰西卡提出的创新战略帮助威服公司实现了营收翻倍，并且推动了公司的扩张。她很快被公司提拔为这方面的营销专家，之后她持续创新，将部门带得有声有色。

威服"充满渴望"的价值观在招聘和提拔管理者方面得到了高度体现。公司致力于在领导团队内部打造一种不断成长和追求卓越的文化，因此领导跟他们的属下一样充满渴望。

有位管理者向我讲述了他加入公司第一天所感受到的那种团队活力。他从他们的沟通、工作，以及遇到困难时相互帮助的状态就可以看出所有人都在朝着一个共同的目标努力。

> 企业文化之所以能让每位员工都能提升他们的表现，有两个原因：这既是他们的愿景，也是他们的工作日常。

I LOVE IT HERE 💙💙

一位名叫杰斯的管理者告诉我说，他的工作目标是帮助员工进入那种充满渴望的心理状态。如果员工无法达到这种状态，他就有责任指导他们，甚至可以通过调动岗位来激发他们。用杰斯的话说，保持充满渴望的状态，需要每个同事和领导团队的持续支持，并跟上不断变化的技术领域的脚步。

除了简单好记之外，企业愿景还必须"接地气"。

◎ 它对员工是否有意义？能否代表他们？

◎ 它能否代表企业的灵魂和文化？

◎ 员工读到它的时候，是否能有荣辱与共的感觉？

◎ 它能否激励员工突破小我、参与格局更大的事情？

别再立忙碌人设，列出不办事项清单

我们发现，让企业和员工保持简单有助于简化领导者的生活和日程安排。

我们常常不停地添加日程安排，用接二连三的会议、电话、宴请等，把时间塞得满满当当。但当我们坐在办公室里看上去什么都没做的时候，我们又会担心别人有各种各样的看法。

杰夫·西维利科（Jeff Civillico）作为世界顶级艺人和杂技演员经常环游世界。有一天，我们谈到作为杂技演员以及最优秀的艺人需要具备的要素时，我问他："杂技演员接抛球的世界纪录是多少个？"

他笑着说："我不知道。数字总是在变。"

"好吧，那你的记录是多少？"

杰夫想了想："我根本没概念。但总归不会太少。"

我急切地点点头："这么说是 7 个，或者 8 个？"

他笑了："我每天在练习接抛球时确实会用很多球，但上台演出的时候我只用 5 个球。"

"只有 5 个？"这远没有我预期的那么多。

"你知道我为什么不用 7 个而只用 5 个吗？"他反过来问我。

我知道杰夫是圈内最好的杂技演员之一，肯定能接抛 5 个以上的杂耍球。那为什么不在重大表演中用 7 个、9 个，甚至 12 个球呢？我耸了耸肩，想不出任何理由。

他探过身，像是要公布商业秘密一样对我说："观众不会记得你最多能接抛几个球。他们只会记得你掉了几个球。"

这是否意味着我们应该把目标定得低一些，以此来确保成功的概率更高呢？当然不是。杰夫从不回避高难度动作，他曾经为了募集慈善捐款，一边接抛杂耍球一边慢跑，完成过迪士尼的全程马拉松。他有展现高难度表演的能力和经验，经常会将一些匪夷所思的杂技融入表演。但这些动作只有在重大场合他才会尝试，其他场合，他始终追求简单，坚持表演自己最擅长的动作。

你该如何将这一原则应用到你的管理中呢？

请先回答以下两个问题：

◎ 你在谈工作时，员工对你的感受如何？

◎ 与你相处时，员工又有何感受？

假如你备受事业、生活、工作的折磨，那么，疲惫不堪、心力交瘁的人设将成为你传递给员工的核心信息。

I LOVE IT HERE

我们通过卧底调查发现，最受员工尊重的领导者都是让事情简单化的高手。这不仅体现在管理过程中，也体现在其他公司活动中。这让他们得以与员工更好地互动，并以领导者的身份更好地融入员工队伍。

多数情况下，他们只关心优先需要处理的事项，善于制定标准、划定界限，让自己也变得简单。我把这种能力称之为"拒绝"的力量。与我们很多人列"待办事项清单"相反，他们常常有意列出一份"不办事项清单"，明确一些自己在某一天不会花时间去做的事项，甚至把这作为一条长期坚持的规则。

像这样的"不办事项清单"可能包括"下午五点后不处理邮件""下班后不工作""与员工面谈时把手机放到抽屉里"之类的内容。我们拜访过一家轮胎专营店，一位员工称赞他们的老板每天下午3点到4点都会放下手头的工作，全身心地投入与员工交流，并允许员工有需求时可以自由进出他们的办公室。

我们发现，优秀的导师型管理者允许员工随时敲开他们办公室的门，问问题、提建议，哪怕仅仅是打个招呼，就像轮胎专营店的那位领导者一样。当然，员工或同事无权了解每次会议的内容，也不能随意打断会议。假如能让员工了解你的基本日程安排，知道你什么时候有空，他们会更有安全感。

员工对指导的理解就是看你是否愿意在他们身上花费足够多的时间。通过给员工创造简单的工作环境，领导者也得到了更多的时间和精力，以更大的奉献精神和同理心去关心员工，给予他们更多关爱和交流。

4 种方法简化你的日程安排

想要简化日程安排，腾出一些时间与你的员工相处，最简单的方法就是不做你不喜欢的事，或者不做那些无益于推进目标的工作。此刻你的大脑是不是蹦出了以下的念头：

"放弃绝不会成功，成功者从不放弃。"

"成功的人依然在努力。"

"你只要放弃一次，就会成为习惯。"

"放弃是最容易做的事情。"

这些话看起来很鼓舞人心，实际上具有极大的欺骗性。优秀的领导者和成功的导师型管理者与我们的不同之处在于：他们放弃的是什么。

我们常常对做出改变犹豫不决，担心自己不能够成功放弃。别担心，有几件简单的事情，立刻就能帮助你从自己的日程安排中挤出时间，并且无需做大的调整。快捷列表如下：

◎ 把会议减半。

◎ 减少工作中的压力源。

◎ 理出头绪，拒绝杂乱无章。

◎ 改掉坏习惯（养成好习惯）。

做到这些事情其实并没你想象得那么难。

1. 把会议减半

你或许是在座的人里面知识最渊博的一位，但假如你的团队成员无法将你的知识转化为行动，那就毫无意义。作为领导者和管理者，你有能力利用切实有效的培训会议来启人心智、激励员工、打造团体，让员工有能力做应该做的事。

在工作中，任何可以用文字形式解决的问题都应该用文字形式来解决。取消会议，改发电子邮件，或者通过恰当的渠道发布内容。不要为开会而开会。假如你领导有方，员工就可以利用自己的时间做更重要的事情。很多时候，视频会议还不如用老办法——发一封条理清晰的电子邮件更有效。

你是否见识过千禧一代或 Z 世代的员工浏览网页或脸书的速度？年轻一代在他们的视觉世界里，可以非常迅速地捕获所需的信息，紧接着执行下一步。比起开一小时拖沓的会，如果把内容压缩得更紧凑一些，你的信息会更容易被员工所接受，传达的效果也会更好。

有时确实需要开会。但千万别认为无法简化。想要在短时间内涵盖太多的内容，只会导致参会者的注意力下降，影响会议效果。想想哪些内容是必须涵盖的，然后制订一份严谨的、简短的议程，其他的通通抛掉。准时开始、准时结束。征求团队的意见，如何把会议开得更加有效。准确地传达大家都认可的行动方案，然后放手让员工去做他们最擅长的事。相信我，他们知道自己该干什么。

> 需要缩减的是会议内容，而不是会议时间。
>
> *I LOVE IT HERE*

2. 减少工作中的压力源

对很多人来说，工作只是达到某种目的的一种手段。他们干得筋疲力尽，只为获得年假。想想你最近几次刷社交媒体时看到有多少热门话题配的是"讨厌周一""我爱周五"的图文？

美国压力研究所报告显示，80% 的员工在工作中存在压力，其中近一半需要压力管理。报告同时指出，76% 的成年人认为，工作或者金钱是压力之源。过度的压力会影响员工的工作效率和表现。更重要的是，还会影响身心健康，进而影响同事关系。

通常让员工产生压力的最大来源涉及 5 个方面：

◎ 管理者控制欲强；

◎ 薪资低；

◎ 工作量过大；

◎ 缺乏同事间的支持和友谊；

◎ 成长或晋升空间有限。

优秀的管理者不仅能看到这些问题的苗头，还能积极主动地加以遏制。

你能缓解员工的所有压力吗？当然不能。但你仍然可以通过一些小的举措，改善这种状况。比如，试着让员工自由布置，甚至粉刷自己的工作空间。工作场所越是个性化，他们会感觉越舒适。别忘了把公司的价值观和愿景融入装饰的细节中去。

还记得威服那位儿子生病的员工吗？他当时满脑子只想着要去照料他的儿子，支撑自己陷入困境的家庭。其实，灵活的工作安排就能减轻这位员工的生活压力。很多人都有过因为琐事给生活带来巨大压力的经历。

如果你无法给员工提供完全灵活的工作安排，至少可以试着安排一个"早退日"。一周中安排一天，比如每周五，让员工早点下班。

如果这一切都不奏效，那就试试允许员工在某个工作日带着宠物来上班吧。这对缓解工作压力而言，是个屡试不爽的好办法。当然，要提前考虑到是否有人过敏。美国《高血压》（*Hypertension*）杂志曾报道过，长期养宠物，尤其是狗，可以帮人们降低因精神紧张而升高的血压。你可以每周或每月一次允许员工带着宠物来上班。在有些城市，你甚至可以和当地的动物救助机构联系，租用这些"毛孩子"来充当减压器。

3. 理出头绪，拒绝杂乱无章

杂乱无章的办公环境，会影响员工的自尊心，以及他们对公司的价值评判。如果卫生间、休息室、楼道、补给区、复印室等共享空间脏乱不堪，那么你传递的信息是，你的员工不值得被投资。脏乱的环境会加重人的压力，普林斯顿大学的研究人员发现，杂物会降低一个人专注于特定任务的能力。怎么说也不应该在门口放一堆可能会绊倒人的复印纸。

整理好自己的工作场所后，你就可以更好地与员工合作，打造一个舒适的办公环境了。打开几扇窗户，引入一些明亮的色彩，尽可能去除杂物和一些不必要的物品，以便让场地空旷一些，让眼睛得到休息。据《临床睡眠医学》（*Journal of Clinical Sleep Medicine*）杂志报道，在有自然光的办公室工作的员工，相比在只有人工光线的办公室或无窗环境工作的员工，夜间睡眠时间平均要多 46 分钟。这表明前者的效率更高而压力更小。

4. 改掉坏习惯（养成好习惯）

运动是由来已久的减压方法。发表在《斯堪的纳维亚运动医学与科学》（*Scandinavian Journal of Medicine & Science in Sports*）杂志上的一项研究指出，每周至少 3 次在午饭后散步的人，在工作时会有更少的焦虑、更多的热情，并且更加放松。

人们还发现，散步的那几天，自己能更好地应对工作负荷。因此，可以考虑在你的办公室组织员工成立午餐后或下午的散步小组，驱散人们在中午的那种低迷状态。

办公室里的某些标准已经构成了职场氛围的一部分，而我们却从未对此进行过思考。早晨冲泡咖啡的香味是公司氛围的标配，但过量摄入咖啡因反而会增加人的焦虑，进而降低工作效率。杜克大学精神病学系的一项研究显示，习惯性摄入含咖啡因的饮品，或者能量饮料的人，其应激激素——皮质醇和肾上腺素水平会翻倍。

　　我不是说应该禁止在公司里喝咖啡，但要思考如何用其他方法让员工振奋起来。办公室里可以备一些健康零食，公司的茶水间、自动售货机应该备足预防员工发生低血糖的适口零食。以此确保每个人在有需要的时候可以随时获取相应的资源。

　　你甚至可以考虑偶尔从当地社区请瑜伽或者冥想导师来公司为员工提供放松服务。按摩学校一直在为他们的学生物色实习单位，这绝对是一举两得的好事情。

　　我知道这些建议并非适用于每个企业。也许你的预算不足，但你也可以在组织内部想想其他办法。你的员工拥有哪些技能？是否可以为团队做些贡献？也许你的某位员工酷爱瑜伽，你只需给他一些补助，他会很乐意开班授课。大胆地运用员工的技能来充实他们的经历、提升团队凝聚力。

　　从小到大母亲总是对我说："克林特，积少成多，先从小事入手，最终也能成就大事。"

　　简化愿景，简化会议，简化日程安排，简化工作环境，将省下的时间投入完善员工关系中去。

　　　　　　　　　　　　　　　　　　　I LOVE IT HERE ♥♥

125

　　舍弃无用的，坚持有用的。渐渐地，那些简短随意的交流，或者贴心的鼓励，会结出忠诚、奉献和尊重的果实。

　　你或许已不记得做过的那些小事，但你的员工会记得，正是因为那些小事，他们永远都不会忘记你。

职场真诚时刻　你的日程做到精简高效了吗？

问题 1：该如何简化企业愿景，使其令人更加难忘？

问题 2：如何简化日程，减轻自己和员工的压力？你该把哪些事情放到"不办事项清单"上去？

问题 3：如何让员工感受到你的亲和力，让你们更好地相处？

练习与挑战　实施 5 种职场减压方式

确定 5 种能够减轻自己和员工压力的方法，并立即实施其中 1~2 项。

询问员工在工作场所感受到的最大压力来自哪里。

倾听他们的建议，共同打造一个没有压力的环境。

I LOVE IT HERE 🖤🖤

I LOVE IT HERE

How Great Leaders Create Organizations Their
People Never Want to Leave by Clint Pulver

第 7 章

当员工掌握了
游戏规则

7

> 闻之不若见之，见之不若知之，知之不若行之。
>
> ——荀子

10 岁那年，爸爸第一次让我开车回家。

我们住在一个小镇上，周围是大片的土地，所以像这样的事情也算不得不同寻常。爸爸让我坐在他的腿上控制方向盘，他负责操控油门和刹车。我没有驾驶经验，所以汽车从马路一边偏向另一边，爸爸时不时帮我调整一下方向。汽车向前缓缓移动的感觉，让我兴奋不已，至今记忆犹新。

你可以指责我爸爸太冒险、对孩子不负责任或者认为那是我们的亲子时刻，但对我而言，我永远忘不了第一次掌握方向盘"驾驶"汽车的那种感觉。父母总是开着那辆车带我去各种地方。我熟悉汽车行驶时加速、转弯、刹车的感觉。

但这次不一样：我对汽车行驶有了更深刻的体会，变得更加专心和专注，以前对我来说并不重要的事情突然间变得极其重要——人行道、蜿蜒的公路、路旁的小溪。甚至我以前从未真正注意过的停车标识、让行标识和街道名称都成了我关注的焦点。那一刻，我对周围的人和事物有了新的认识，一种全新的责任感和对生活更高层次的理解，突然在我年轻的脑海中形成了。

这次经历让我认识到只有亲身体验，才能了解游戏的规则，我在很多积极乐观的员工身上也看到了这一点，公司给予员工一定的主导权，这种信任让他们有了更强的使命感和价值感，也为接下去更好地传授技艺、辅导新员工敞开了大门。

> 员工一旦能够主导自己的工作，就会彻底改变对待公司的态度，以及对待金钱的态度。他们的观念会发生转变，从"这是我的工作"变成"这是我的事业"。
>
> *I LOVE IT HERE* 💙💙

1961 年，美国总统约翰·F.肯尼迪发表演说，宣称要在 10 年内实现载人往返月球的愿望，随后探索月球的狂热情绪席卷了全美国。肯尼迪总统第一次访问美国国家航空航天局时说：工程师和技术人员的奉献精神和宇

航员的勇气给他留下了深刻的印象，但最让他感动的是一位谦逊的清洁工。

当时清洁工正在走廊里拖地板，总统走上前去自我介绍并跟他握手。当肯尼迪总统问清洁工在这里负责什么工作时，他微微一笑，说："哦，我在帮忙把人们送上月球。"

人一旦有了主导的感觉，周边的事物就会变得更加重要。他们会变得更有动力、更加积极，并通过创造条件和创新方法来改进手头的工作。当员工以这种方式投入工作时，就不再像以往那般漫不经心、得过且过了。他们会自觉关注自己的时间和精力，也会越来越积极主动。工作环境也会变得积极、高效、令人振奋。简而言之，能给予员工主导机会的公司才能不断前行。

此刻，你可能会问：

◎ 该如何给予员工主导权呢?

◎ 我该给他们股票或期权吗?

◎ 主导权和职责是一回事吗?

◎ 如果我不敢让员工承担更多的职责怎么办?

　　我先回答最后一个问题：如果你不敢让员工承担更多的岗位职责，也许是因为你雇错了人。或者你还不太了解你的员工，无法评估他们的性格和能力。若是那样的话，请先了解你的员工，确保他们信任你。请记住，培养主导意识不能一蹴而就。

　　就像学游泳一样，你不能一头扎进深水区去。你可以从小处着手，对员工进行测试和评估，逐步调整方法，慢慢推进。

　　现在，我们再回到另外 3 个问题。

5 种方法增强员工主导意识

　　对那些有主导意识的员工，你可以更专注于提供指导和方向。而对其他员工，则必须培养这种主导意识。即便没有分红或者股权这类的激励，你也还有很多方法可以培养员工及整个团队的主导意识。以下是 5 种增强员工主导意识的方法：

◎ 让员工行动起来。

◎ 让团队参与招聘决策。

◎ 灵活安排员工日程。

◎ 征求员工意见。

◎ 分配职责。

接下来，我将举例说明这 5 种方法能在建立员工信任和激励员工方面起到令人难以置信的效果。

1. 让员工行动起来

企业可以允许员工以他们认为合适的方式去帮助客户。罗伯是一位成功的牙科医生，也是一位出色的领导者。罗伯一直努力在他的诊所创造一种文化，让所有员工都可以自由地提供富有想象力和充满爱心的客户服务，以期打造更好的客户体验。

他为员工准备了一个百宝箱，里面有部分现金、礼品卡、糖果等物品。员工可以根据他们对客户的了解，随意取用里面的物品，以此来满足客户的需求，让客户感受到关爱。

罗伯大部分的时间都是在为患者医治牙齿。他没有时间站在门口迎接病人，也没有时间通过电话给突发牙疼的病人提供远程服务。他无法在处理日程安排、跟进病情之余与病人面对面地交流。

罗伯清楚自己的优势是治疗，所以他专注于自己最擅长的工作。而他的员工可以自由、自主地以他希望的方式照顾好客户。

有一次，一位女士来到牙科诊所，她患有多年的牙周炎，并且牙齿开始慢慢松动、脱落。她反复强调牙周炎影响了她的自尊心和自信心，她都不愿意对人微笑了。这也使得她 20 多年不能吃固体食物。

"只要能治好我的牙，让我能自己吃玉米，花多少钱我都愿意！"她在预约时激动地说。

经过多次的治疗，这位女士的脸上逐渐有了笑容，她开始骄傲地向大家展示自己的牙齿和逐渐恢复的牙龈。在她做完最后一次治疗准备回家的时候，诊所的一位员工亲切地拦住了她，递给她一个袋子，袋子里装着 12 根新鲜的玉米。

女士见此喜极而泣。不仅是因为自己的牙终于得到了医治，更让她不敢相信的是，诊所的工作人员竟然记住了她当初说过的话。

事情虽小，但对她而言却意义非凡。她拥抱了罗伯以及每一位工作人员，流着泪真诚地说："你们的服务真是贴心、细致！我要把你们推荐给所有人！"

她确实把这件事告诉了很多人。

这位年轻员工给病人送玉米，不仅是为了得到病人的好评，也不完全是为了宣传他们的诊所。她之所以这么做，是因为罗

伯医生给了她主导权，让她可以自主决策如何去关怀他们的病人。罗伯医生并不知道自己的员工会用"百宝箱"里的钱去给他的病人买玉米。他也不知道工作人员会记得患者的心愿。但是，他的员工知道，他们有权以他们认为独特而有效的方式去服务客户。

2. 让团队参与招聘决策

创新型公司通常会让用人部门直接参与招聘，而不是将招聘工作只交给招聘经理。只是额外安排一名员工坐在面试现场参与决策，就能营造出浓厚的主导权氛围。我们在卧底调查过程中曾与一家知名的科技公司合作过，他们将用人部门直接参与面试作为标准面试流程的一部分。用人部门的团队会派两名员工参与某岗位候选人的初次面试，而且这些一线员工有权决定：

◎ 他们是否愿意接受该候选人加入他们的团队；

◎ 该候选人是否有资格进入第二轮面试。

如果你的公司不会对应聘者进行多轮面试，你仍然可以让员工在面试现场旁听，鼓励他们向应聘者提问，并在面试结束后，听听他们的反馈。参与面试的员工不必全权负责招聘合适的人选，但他们在这个过程中要具有一定的影响力和主导权。

3. 灵活安排员工日程

一周工作五天这样的日程安排已经无法适应现在的时代需求了。事实证明员工对灵活的办公地点和办公时间的需求变得越来越大。

我们的研究表明，那些重视和理解员工工作之余也有生活需求的领导者，越来越受到员工的爱戴和赞赏。不要再以过去的理念和期望来严苛地执行日程安排了，让你的员工自行制定自己的作息时间表。

> 让他们主导自己的时间。当然，我们必须遵守时间节点，维持工作中的某些界限：会议必须参加，约定必须履行，沟通保持顺畅。
>
> *I LOVE IT HERE*

如果员工更改自己日程安排的同时，还能满足你对业绩和协作的要求，那么，在很长一段时间内灵活办公将有助于提升他们对你的忠诚度。

有一位女老板告诉我们，她的一名员工下午 4 点半就可以下班。因为这名员工每天下午都要去钓鱼，他还要遛狗。这些事情对他而言非常重要。她告诉我们说："他办事效率很高，承诺每周工作 40 小时，并且同意如果不达标，可以扣减他的薪水。"

她告诉我们，要提供灵活的工作时间，首先要了解自己的员工，同时进行有效地沟通。那名员工已经在她的公司供职 17 年了，说明他们的安排非常有效。

4. 征求员工意见

当你用头脑风暴的方式让员工发挥主导作用时，我们应倾听他们的声音，深入了解哪些环节他们能够胜任，并能发挥专长。

通过直接询问员工他们希望如何为团队服务，我们可以更有效地建立起信任关系。在此基础上，我们可以共同探索如何让员工在工作中拥有更多的主导权，以发挥他们的创造力和潜力。

通过多次深入的交流，我们发现，员工渴望参与对话，他们期待自己的声音被听到、意见被尊重。只要我们以开放的心态与员工合作，我们就能找到适合他们主导的领域，并将主导权交给他们。

5. 分配职责

有时候，员工会主动提出负责某项工作的愿望。作为领导者和管理者，你需要认真倾听并给予支持。如果他们的技能水平不足，你可以提供相应的培训和指导。

以贝内特通信公司的珍妮特为例，她的员工切尔西经过几年的工作后，很渴望成为一名编辑。为了实现她的梦想，珍妮特亲自与她合作，共同制作了一期的年刊杂志。这为切尔西第二年能够独立接手新的工作储备了技能，积累了经验。

切尔西对杂志的社交媒体账号提出了一系列目标：她想负责账号的日常运营，并为其代言。她还希望账号的更新频率能超过目前的水平。她的目标是吸引 10 万粉丝。

然而，珍妮特在考虑到杂志的预算后，坦诚地告诉她，自己可能无法以奖金的形式奖励切尔西的辛勤付出。对此，切尔西表示无论如何她都会全力以赴，努力实现自己的目标。到目前为止，切尔西运营的公司账号已经成功吸引了近 99 000 名粉丝，这一数字仍在增长。每当粉丝数量上一个新台阶，珍妮特都会以公司的名义为她和她的团队举办庆祝活动。

设定预期，建立互信，放手去做

我需要提醒大家注意的是，尽管职责与主导权在某种程度上是相辅相成的，但它们却并非同一概念。就如同我 10 岁时，根本不具备驾驶汽车的能力，你会发现你的员工也不是都能独立承担更大的职责。但是，当爸爸让我掌握方向盘时，我确实承担了一些职责。然而，即使是在他的协助之下，手握方向盘依然使我能从一个全新的视角去审视周围的一切。我知道我在那天的合作驾驶中还是起了相当大的作用。

领导者在给团队委派任务时，不应下放所有的职责。他们仍然需要监督、引导和问责。你可以给你的员工主导的权利和职责，但不能让自己感觉对局势失去了掌控。

克里斯在医院管理部门工作了 12 年，她告诉我们，自己在准备给他人委派任务时，会仔细做好几件事：

首先，我会确保他们清楚我的预期：需要做什么，最终目标是什么。

其次，我会让他们知道，我信任他们，也相信他们的能力，那也是我请他们承担职责的原因。

最后，我会对他们说："你们有能力，放手去做，用你们自己的方式去做。"

克里斯也看到了这样授权的好处：

> 我坚信这样做能最大限度地减轻他们的压力，让他们相信自己能够胜任，并从中获得成就感。这种主导意识可以帮助员工建立起自我评价体系，并影响其周围的同事。
>
> 你是希望自己的员工只知道"搬砖"？还是希望他们能满怀激情地告诉身边的朋友，他们正在共同建设一家公司？

移交主导权，尤其是当你要移交的项目涉及对你至关重要的内容时，往往颇具挑战。然而，只有这些大项目才能真正激发员工的动力，拓宽他们的视野，挖掘出未曾被发现的潜力。这并不意味着只是将你不愿做的琐碎工作或任务转嫁他人。

> 你移交的工作必须是他们能够引以为傲、充满意义的。主导权应成为他们成长的机会，而非负担。

I LOVE *IT* HERE

　　许多人觉得工作是一种桎梏，内心常感到烦躁不安。面对生活的混乱，我们常常会无能为力地想："实在做不下去了。"但你有能力为疲惫的员工描绘更广阔的未来，帮他们摆脱困扰。你要让心烦的员工明白，压力是实现目标必经的阶段，要把"方向盘"交给员工。他们将驶向远方，即使旅途再长也无所畏惧。作为领导者，你要激发他们的潜能，引领他们走向成功。

职场真诚时刻　　你如何对员工进行授权？

问题 1：你的公司是如何营造员工主导氛围的？

问题 2：你是如何鼓励员工主导自己的工作的？

问题 3：哪些事情你可以放手让你的员工去做？

练习与挑战　　细化愿景，按能力分配权限

为你的企业构建更大的愿景，并列出构成该愿景的各个组成部分。

明确哪些部分必须由你负责、哪些部分可以交给他人。

列出你的员工或直属团队成员的名单，并确定每个人能负责哪个部分，让他们拥有主导权，然后视需要再做调整。

I LOVE IT HERE 🖤🖤

I LOVE IT HERE

How Great Leaders Create Organizations Their
People Never Want to Leave by Clint Pulver

第 8 章

利用一对一面谈
对齐信息

8

> 领导力是种行动，而不是个职位。
> ——美国广播电视的先驱、管理大师 唐纳德·麦克甘纳

在飞行学校，我学到的第一课就是：即使同一品牌和型号的飞机，驾驶起来的感觉也截然不同。每架飞机都有相同的操作手册，提供相同的参数，但每位飞行员都知道，操作手册永远代替不了进入机舱的实际驾驶操作。了解一架飞机需要时间、耐心、直觉、感受和实操。

在每次执行飞行任务中，你必须保持高度警惕，评估不断变化的情况，并在必要时立即纠正，以确保飞机保持在航线上。医院里也是如此，医生需要反复检查，为病人制订最佳的治疗方案，这个过程遵循以下步骤：

1. 检查。

2. 评估。

3. 确定方案。

4. 实施方案。

5. 从 1 开始循环。

这种模式一直持续到病人情况稳定或者飞机落地。职场中的导师型管理者，其管理的核心目标就是实现和保持员工的稳定。

领导者应该时刻关注员工的工作环境是否有利于他的持续成长与成功。留住员工不仅是留住他们的身体，更是留住他们的心，要防止员工心不在焉或离职，因此，管理者应该像医生和飞行员一样，不断观察并调整，持之以恒地对待每一位员工。

为了构建这种观测机制，卓越的导师型管理者常采用一种明智的策略，那就是定期举行我称之为"状态面谈"（status interview）的会议。这对留住真正有价值的员工至关重要。

状态面谈的目的在于及时捕捉员工的各种信号和反馈，它并非业绩的回顾或传统的交流，也与公司整体目标无直接关联，而是聚焦于员工个人的目标与发展。

I LOVE IT HERE 💙💙

状态面谈是你与员工进行情感沟通的途径，也是让他们有价值感和参与感的一种方式。别误以为这些面谈只是针对一线或者新进员工的，面谈应该覆盖公司里从基层到高层的每一位成员。

你必须深入了解每个员工的需求，从而制订出个性化的成长计划，帮助他们成为自己理想中的模样。只有持续"驾驶飞机"，即与员工保持密切的沟通和交流，你才能精准把握他们的工作模式、真实需求以及你所能提供的帮助。这样，你才能确保他们能在你的团队中茁壮成长。

不妨将状态面谈想象成描绘一幅地图。一旦有了那张图，你便能规划路线，制订发展计划了。

在本章的后续内容中，我们将探讨成长发展计划（growth development plans），这些计划对于提升员工的忠诚度和敬业度至关重要。但在深入讨论之前，我们必须强调状态面谈的重要性。

3 个问题进行状态面谈，留住高价值员工

状态面谈不需要花太长时间，也不要对员工进行问题轰炸。它是一种友好的对话，而不是一场盘问。但这也是一场需要提

前策划的正式交流。要想深入洞察员工的真实状况，以下这 3
个简短的问题往往收效最佳：

◎ 我们需要做些什么，才能让你愿意继续留在这儿?

◎ 是什么阻碍了你的职业发展?

◎ 我怎样才能帮你实现理想?

让我们来进一步来分析一下，针对每一个问题，你想要得
到什么样的答案。

1. 我们需要做些什么，才能让你愿意继续留在这儿?

在你向员工抛出这个问题之前，先以口头表扬作为开场，
并明确告知员工，此次面谈是为了感谢他们为公司所创造的
价值。

你可以这样表达："你对我们公司而言意义非凡，我们一起
来探讨一下，公司可以如何更好地支持你，让你愿意继续留在
我们这个大家庭中。"这样的表扬不仅可以缓解员工的紧张和
焦虑情绪，更能明确向他们传递出你留住人才的诚意，而非给
他们施加压力或怀疑他们在寻找其他工作机会。

有趣的是，这类问题通常只在离职面谈时才会被提及，那

时员工已经做出了离职的决定。选择这样的时机来寻求答案，肯定收效甚微。然而，在你的员工仍全身心投入工作时提出这个问题，不仅显示了你对他们的重视，更能增强他们对你的信任和对公司的忠诚。这样的做法更为明智和有效。

2. 是什么阻碍了你的职业发展？

高效的领导者总是希望帮助员工提升技能，帮助他们在生活和工作中都能取得成功。

> 在询问员工问题之前，先问问你自己：你是否已经做好了心理准备，去倾听那些可能对你的工作场所乃至你的领导力提出批评和不满的答案？
>
> *I LOVE IT HERE*

领导与员工进行面谈，即便是在一个相对友好的环境中，也往往会让员工感到紧张。为了建立并增强信任感，最为关键的是，你需要对收到的反馈保持开放和接纳的态度。无论他们告诉你什么，你都不能流露出愤怒或委屈的情绪，更不能采取任何形式的打击报复。否则，这将失去员工对你的信任，他们将不再愿意坦诚相告。记住，真诚地倾听和积极地回应是建立良好工作关系的关键。

3. 我怎样才能帮你实现理想？

作为导师，你的职责就是为员工铺设实现梦想的道路，无论这些梦想是工作上的还是工作之外的。当员工在生活中感到满足时，他们就不会轻易离开公司导致生活变动。诚然，人的满足感可以来源于各种途径。但许多人能够在平衡工作与其他追求的过程中找到满足感。

如果员工发现公司确实与他们的人生目标不符，那么尽早发现，绝对是明智之举。大多数情况下，员工选择在你的公司工作，是因为这里有吸引他们的某些特质。因此，作为导师，你应该积极关注员工的梦想和追求，帮助他们找到工作与生活的平衡点，从而增强他们的工作动力和对公司的忠诚度。

记住，了解员工发展需求的另外一个好处是：你可以利用那些优势，帮助他们在公司内部找到机会、获得成就感，并朝着梦想的方向前行。

有几种简单的方法可以让你的员工明白，你在倾听他们的心声，你愿意理解和验证他们所说的话。

一种最有效的方法是记笔记。让员工看到你在记录他们所说的话，这一点很重要。这并不是为了表面的展示，而是因为记笔记有助于你捕捉他们的想法和评论，也更容易回顾。

最重要的是，记笔记需要更加专心和专注，这将有助于你更好地关注和处理你所听到的信息。不过当你再次和该员工面谈交流之前，一定要再回顾一下你之前记录的内容。

重复员工说的话。我并不是要你表现得像复读机那样，而是要你仔细听员工的话，然后重复他们的担忧和需求。

那样一来，你和员工都会确切地知道需求和担忧是什么，确保你们的理解是一致的。

如果有误解，那就重新叙述一遍你的理解。这样做可以明确困惑之处，把握当面澄清的机会。这种被称为"积极倾听"的简单技巧，是有效沟通的关键。借助于沟通，你们彼此都会对双方的共同目标有清晰的构想。

制订成长发展计划：看见真需求

状态面谈的目的是要制订行动计划。这就好像医生为病人做完诊断后，他们会制订一份全面的治疗方案，详细地列明医生和病人需要共同遵循的一些可执行、可测量的治疗方法，希望得到双方都满意的结果。

成长发展计划就好比你为员工开出的治疗方案。计划必须务实而又鼓舞人心，且永远都要设定时间节点。

I LOVE IT HERE

以下是制订成长发展计划不可或缺的内容：

◎ 明确阐述你们共同设定的目标；

◎ 身为管理者，你将采取哪些行动来实现该目标；

◎ 员工将采取哪些行动来实现该目标；

◎ 明确这些行动的完成日期，确定跟踪会议的召开时间。

成长发展计划必须做到你和员工人手一份。这份"处方"将清楚地表明，你是以合作伙伴的身份与员工共事。它也将向员工传递一种信息，那就是你非常在乎他们的成功。

我知道你们当中有些人可能正在想："如果我无法满足他们的愿望呢？""如果他们想要的是大办公室、极高的薪水或丰厚的年终奖，该如何应对？""如果他们无法证明自己的能力与这些需求相匹配，又该如何是好？"

我们先来看看如何用简单的方法回应员工对金钱的需求。以下是几个很好的例子：

◎ 你觉得自己的薪资应该涨多少？你的心理价位是多少？

◎ 你能采取或已经采取了哪些行动来证明加薪的合理性？

◎ 你能培养哪些技能以帮助自己为公司增值？我们在这
   方面又能帮你做些什么？

重要的是要记住，员工提出加薪请求时，其目的并非总是追求更多的财富。很多时候，员工更渴望他们的工作价值和潜在能力被认可，加薪是对他们价值和能力的证实。当然，在作出决策时，我们需要根据具体情况进行权衡和考虑。

即便你暂时无法满足他们的所有要求，你仍然可以坦诚地表达企业对他们的认可。你可以告诉员工"目前我们还无法满足你的需求"或者"由于存在限制性的因素，我们暂时无法满足你的愿望"，然后提出其他方案，询问员工："我们是否可以在其他方面给你提供帮助？"

有时候，他们可能会给出具体的回复，例如：希望多放几天假，或者希望工作时间更加灵活，甚至可能希望每周有一天可以在家办公。就算他们不能直接给出答复，重要的是你已经提出了问题，他们也表达了意见，而你在倾听。这正是状态面谈的巧妙之处。你的员工会感受到，他们的声音被听到了，他们的需求被重视了。

我在汽车行业做了大量的卧底调查，其中一个难得的机会是与一家大型轮胎零售连锁店合作，采访了他们遍布全国的数百名员工。在所有的研究和采访中，我遇到的领导者都是导师型管理者的典范，他们为企业创造了巨大价值。他们为人和善，始终真诚待人。值得一提的是，其中还有一位领导者弗兰克是某轮胎连锁机构的所有者。

弗兰克外表看起来大大咧咧，但他却是我有幸见到过的最真诚、最真实的领导者。每个人都喜欢他。

在这家轮胎店"卧底调查"时，我仿佛置身于一场温馨的家庭聚会。一群志同道合的员工在这里快乐地工作，共同致力于守护人们的驾驶安全。弗兰克的轮胎店在客户心中享有盛誉，这得益于他们细致入微的服务。每次服务结束后，员工们都会手写一张感谢卡，并将其放置在客户车辆的仪表台上。弗兰克总是在这些卡片中亲自向每一位客户表示衷心的感谢，感激他们对轮胎店的信任与持续地支持。

　　这家店的员工留任率极高，在汽车行业中很少见。店内大部分员工的工作年限都超过了 10 年。当我询问弗兰克是如何维持如此高的员工忠诚度时，他平静地回答道："我只是努力倾听并记录下员工的心声，然后尽力让他们知道，他们说的每一句话，我都铭记在心。"这番话对我触动颇深，作为领导者"倾听"固然重要，但更为关键的是要让员工感受到，他们的声音不仅被听见、被记住，更是被重视。

　　弗兰克带我参观了他的办公室，墙上挂着一块木板，上面贴着 8 张图片。我好奇地询问这些图片的含义，他解释道："这些都是我团队成员的梦想。他们认为重要的事对我来说同样重要。"

　　他谈到了莱利和梅丽莎。这对夫妇正在努力攒钱，准备支付他们第一套房子的首付款。而在旁边，一张夏威夷海滩的图片格外引人注目，那是对技术主管卡尔来说意义非凡的地方。"我希望能帮助他们一家实现期待已久的度假之旅。"弗兰克满怀期望地说道。

　　我问弗兰克是如何得知这些信息的，他回答说："我只是定期与他们交流。我会确保与每个人进行私下沟通，了解他们正在做什么、是怎么做的、有什么需求，以及他们的梦想是什么。我们无所不谈，有时聊工作，有时聊生活。其实聊什么并不重要，重要的是：他们认为重要的事情，对我来说也同样重要。"

弗兰克的目标不只是为客户提供优质服务、经营好一家轮胎店，他想要帮助员工实现他们理想的生活。那块专门为员工设立的"梦想板"对员工而言意义非凡。更为关键的是，梦想板上的每一个梦想对弗兰克来说也同样重要。

弗兰克向我透露，每当他和员工交谈时谈到梦想，他都会为这个梦想精心制作一张图片，并挂在办公室的软木板上，这样大家都能直观地看到他们共同追求的目标是什么。此外，他还鼓励员工在自己的工作区也放置一张类似的图片，以便时刻提醒自己记住自己的梦想。

这个小小的举动激励着员工专注重点事项，并全力以赴。每当员工实现目标、达成梦想或达到某个重要节点，弗兰克都会由衷地为他们感到高兴，并为这一个重要时刻举行庆祝活动，与团队成员共同分享这份喜悦。这样的做法让每个人都深知自己的重要性，进而提升了团队的整体士气，也进一步强化了弗兰克所倡导的团结文化。

面谈为主，职业性格测试为辅

在卧底调查期间，我深入研究了有多少测试或工具被纳入培训基层员工、管理层和团队的流程中。其中，一种广受欢迎的测试是哈特曼性格色彩分析测试（hartman color code）。

这项测试的独特之处在于，它要求参与者在回答问题时，尝试以童年时的感受去作答，例如：当你还是孩子的时候，如果有人问你这个问题，你会怎样回答？你根据自己的真实感受给出答案后，测试将根据你的回答结果判定你的性格色彩[①]。每一种色彩都对应着特定的性格特征，以及你处理各种情况的特定方式。从本质上讲，这项测试的目的是帮助人们更深入地理解自己的处事方式，并在日常生活中以最佳的方式与他人相处。

然而，我在卧底调查期间发现，这项测试在不同群体中引发了一种非常有趣的交际现象。大家完成测试后，往往会迫不及待地询问彼此："你是什么性格色彩？"随后的对话和交流，其氛围往往取决于双方的性格色彩匹配程度。有时，领导者和团队的其他员工似乎就能因此迅速建立一种表面上的了解。

---

① 哈特曼博士将动机作为性格的核心驱动力，将性格划分为四种颜色：红色、蓝色、白色和黄色。

　　如果我们正确地解读这些测试结果，并妥善运用，我相信它们在一定程度上是具备实用价值的。然而，性格测试并不是一种绝对精确、有效的诊断工具，仅仅确定对方的测试结果也不能够完全替代真实的情感沟通和交流。正如问卷调查不能取代面对面的对话一样，性格测试同样也无法帮助我们全面地判断人们内心的想法，进而决定如何对待他们。

> 　　想要了解你的员工并无捷径可走。因此，我们需要与每一位团队成员进行一对一的面谈，深入了解他们的状态和需求。
>
> ── I LOVE IT HERE

　　就像"世上绝没有两架相同的飞机"一样，每个员工都是独一无二的个体。

　　如果你能学习并运用本章所述的核心法则，花时间真正去了解你的员工，你的公司必定会越来越成功。你是飞行员，是船长，是为团队中的每一个人在地图上标注路线的人。因此，绝不要让你的员工进退两难。

　　你需要直接与他们沟通，询问他们对自身角色的理解，以及他们追求的目标是什么。花时间去倾听他们的声音，让他们知道，他们的意见和建议对你至关重要。用心对待你的员工，因为他们的付出和努力是你成功不可或缺的部分，而你的领导力和支持同样是他们实现个人目标的关键。

职场真诚时刻　你该如何开展一对一面谈？

问题 1：如何在组织内部开展有效的状态面谈？

问题 2：回想一下轮胎店老板弗兰克。你能做些什么让员工知道你记得他们的心愿和目标？

问题 3：你是否有过因为自己对员工的成见而让他们进退两难的经历？具体情况是怎样的？

练习与挑战　安排一次状态面谈

总结你可以在状态面谈中提的问题。

然后，安排时间与每个团队成员进行状态面谈，了解他们是怎样开展工作的、有什么需求，以期挖掘他们最大的潜能。

为每位员工制订一份成长开发计划，以及跟进面谈的时间表。

记住：始终保持低调，认真倾听。

I LOVE IT HERE ♥♥

I LOVE
IT HERE

How Great Leaders Create Organizations Their
People Never Want to Leave by Clint Pulver

第 9 章

冲击下
平稳渡过难关

9

> 危机即机遇，切不可浪费。
>
> ——2018 年诺贝尔经济学奖获得者　保罗·罗默

如果你已经深入学习了前几章的内容，并将那些挑战铭记于心，那么你已经迈出了成功的第一步。

你成功招聘或正计划招聘一批优秀员工，并合理调配他们的岗位；你开始注重员工的成长与发展，与他们深入交流，了解他们的目标和梦想；你为他们精心规划职业道路，你们共同致力于实现公司愿景和员工个人需求。一切似乎都在稳步前行，朝着更好的方向迈进。

可是，情况突然之间变得不那么乐观了。过去几年的经历让我们明白了一个道理，那就是危机之中总是蕴含着学习机会。在多年的"卧底调查"中，我深入研究了众多企业面对突发事件时的应对策略，以及这些企业是如何帮助团队和员工平稳渡过难关的。

> 我见证了许多极富创意且成效显著的解决方案，这些方案往往是在危机发生的瞬间诞生的，毕竟，危机并不会提前打招呼，它们总是突然降临。
>
> *I LOVE IT HERE* 💙💙

下面我将介绍几个团队和公司的危机应对方法。这些危机发生在个人、公司和国家层面，而应对策略有的来自经历过各种规模危机的公司，也有的来自那些未雨绸缪、提前做好准备的公司。因此，并非每种策略都适用于你所在的公司。

你在选择和应用这些策略时，务必结合自身的实际情况和资源状况进行灵活调整。最重要的是，无论你的公司规模是大是小，你都要让员工知道你在乎他们。这份关心，在困难时期特别重要。

9个步骤协调员工个人危机

想象一下，如果你的员工遇到以下问题，你该怎么办？有的员工因为家暴，无法正常工作；有的员工确诊患了癌症，需

要请假一段时间接受治疗；有的员工正在推进一个时间紧迫的项目，却突然遭遇了家人离世。

> 无论你多么关心员工或同情他们的处境，你最初的想法可能还是会集中在工作进度和项目交期上。然而，即便这是你的第一反应，你也要尽量保持冷静，不要立刻表现出来。
>
> *I LOVE IT HERE*

那些热爱工作的员工，在遭遇危机时，通常会向管理者寻求帮助。因为他们深知，所求助的管理者会全力以赴地为他们提供所需的支持。而他们所需要的是：

倾听。员工希望管理者能够了解他们的困境。如果你急于提出意见或帮忙解决问题，请先忍住，保持耐心。

记住简单陈述和提问的力量。在面对员工的个人危机时，优秀的管理者会巧妙地运用技巧。他们可能会这样问："我们现在能为你做些什么？""你目前最需要什么帮助？"一句简单的"你今天感觉怎么样？"就能传达出深切的关心。当然，他们也不忘适时表达同情："你的情况我深感同情，请相信我们会一起渡过难关。"这样的交流方式不仅有助于建立信任，还能更有效地解决员工面临的问题。

保密。如果有人走进你的办公室对你说："我个人遇到了些问题，可能会影响到工作。"你应该让他们知道，你的办公室就像是保险库，他们的信息在你这里绝对安全，同事们不会知道这些事。如果你确实需要把这些信息告诉他人，以便为当事人提供更多的帮助，一定要先征求当事人的意见。

为员工提供支持。我们合作过的很多公司都没有员工救助项目。如果你的公司正好有这样的项目，那么解决问题将会相对容易一些。即便你的公司没有所需的资源和相关经验，你也可以积极协助员工寻求其他帮助。

把握好该员工手上的项目进度和时间节点。员工是否可以在家办公？如果工作必须在办公室完成，那么是否可以调整该员工的工作时间？此外，是否可以考虑将该员工的工作交接给其他同事，以分担其压力？同时，你也可以探索在线平台上是否有其他自由职业者能够临时接手该员工负责的项目。

相信员工即使身处困境也会尽最大的努力去完成工作。没有人愿意故意拖延项目、错过期限。因此，当发生任务逾期的情况时，我们需要冷静地评估延误所带来的影响，并据此做出决策。你要考虑是将任务转交给其他人来完成，还是只需向员

工发送一个善意的提醒，帮助他们重新调整状态，确保任务能够尽快完成。

针对员工的情况调整绩效标准。作为管理者，定期与员工进行沟通是非常必要的，这样你既可以了解他们的近况，又可以判断他们在完成或分配工作任务时是否需要额外的支持或调整。

在确定你能够为员工支付多久的薪水及医疗保险时，务必考虑到公司的财务状况和长期经营能力。即便在经济条件有限的情况下，管理者仍应尽力为员工提供帮助。如果公司无法继续支付薪水，你可以考虑为员工缴纳一段时间的医疗保险，以减轻他们的经济负担。

如果公司规模较小，无法承担医疗保险费用，你可以征得员工的同意，在众筹平台上为他们发起募捐活动，以筹集医疗费用或生活费用。

记住病痛只是生活的一部分。当员工患上严重的疾病时，我们无需将此事天天挂在嘴边，过度强调只会加重他们的心理负担。优秀的管理者应将员工视为完整的人。你以这样的视角看待他们，他们也会更加积极地看待自己，更有信心面对生活的挑战。

企业遭遇危机，保持沟通透明度

如果不是你的员工而是整个公司遇到了麻烦怎么办？即便是与我们合作过的、规模最大、效益最好的公司也曾遇到过困境。

在卧底调查过程中，我发现了适当示弱和保持信息透明对于处理公司危机的重要性。

> 管理者需要明确界限，避免过度分享细节，在员工中引发不必要的焦虑，因为不确定性往往会加剧不安情绪。
>
> *I LOVE IT HERE*

尽管如此，真诚沟通的好处是显而易见的。员工会欣赏你的坦诚，并可能因此更愿意伸出援手，共同应对挑战。

以下是贝内特通信公司的珍妮特·贝内特关于这一点的真实体会：

早些年，我们遇到过财务危机。在几次关键时刻，我动员整个公司齐心协力。我对大家说："各位，本周公司需要 76 000 美元的资金到账，这是客户即将到期的应

收款。因此,我恳请每位同事都能帮忙给这些客户打电话,问问他们'今天能否安排付款?'"。为了让这项任务更有趣味性,我们还将员工分成几个小组,轮流进行电话催收,这几乎变成了一场团队合作的小游戏。同时,我也始终坦诚地告诉员工:"公司目前没有遇到大麻烦,但我们确实需要这笔资金来支付账单。"这样的沟通确保了员工能够理解和支持公司的决策。

你可能会担心,如果你告诉员工公司财务有问题,哪怕只是短期问题,他们也会开始寻找下家。但如果你一直努力建立诚信,员工基本上都会选择留下。珍妮特说:

第一年,我确实担心员工会因为公司面临困难而选择离开。然而,他们的反应却让我感到非常欣慰。他们的理解和支持让我能够毫无顾虑地继续前行,坚信我们的团队能够共同渡过这个难关。我的员工认为,领导并没有选择隐瞒或逃避,而是坦诚地告诉我们公司的现状。她对我们如此信任,我们也应该对她报以同样的信任和支持。现在,公司遇到了一些困难,需要我们所有人齐心协力来共渡难关。

我们合作过的一些公司曾经历过严重的财务危机。然而，那些与员工关系良好的公司总是能够坦诚地面对这些挑战。在困境中，这些公司的管理者会及时向员工解释情况，告诉员工形势的严峻性，告知正在发生的问题，以及他们计划如何应对。他们会坦诚地寻求员工的支持和帮助。

如果有一天你也遇到了类似的困境，即使冒着风险，也要对员工保持坦诚。你可能会惊讶地发现，员工愿意为公司贡献自己的力量，并会提出许多富有创意的点子来帮助公司渡过难关。

应对外部环境危机的 10 种良策

在面对危及生命和生计的自然灾害或全球性事件时，我们发现，以下管理者良好的引导和应对措施会对公司及其团队将产生重大的积极影响。

清晰一致的沟通。那些能够迅速走出危机的公司，通常都得益于公开透明的领导力文化。这种文化在危机发生前就已经形成，在危机期间会表现得尤为突出。领导者能够及时、专业地公布与公司现状相关的细节。这种做法不仅增强了员工对领导者的信任，还有效地遏制了谣言的传播。在危机中，领导者

需要清晰、恰当地向员工说明企业所面临的问题，并公布解决方案以及将如何帮助他们。

让员工安心感固然重要，但领导者绝不能只说员工想听的话或做出无法兑现的承诺。如果公司面临停产且无法确定恢复日期，除非领导者百分百确信公司的财务状况足以支撑，否则不应轻易承诺会继续发放薪资。

员工可以理解因不可抗力导致的休假或下岗，但他们绝不容忍任何承诺照顾自己却最终食言的行为。因此，领导者在危机中必须保持真诚和负责任的态度。

I LOVE IT HERE

调整运作模式，确保所有人的安全。如果现场很危险，员工能否居家办公？如果他们能够且必须远程办公，你能为他们配置网络、电脑、路由器、会议软件以及相关的培训吗？根据我们的经验，最能够在危机中生存下来的，还是那些灵活的、愿意接受尽快调整员工工作方式的公司。

不要嫌复杂而放弃。即使是超级大公司，也能为保障客人的人身和情感安全做出重大改变。

以中国上海的迪士尼乐园为例，疫情防控期间，工作人员在乐园入口处设立了检查站，严格测量游客体温，并查验手机上的健康码。此外，他们还要求游客和演职人员除了吃饭时间之外，全程佩戴口罩。他们暂停了演出、角色互动和游行活动，同时限制提前预约门票，加强了卫生和防控工作。这些举措不仅向员工和游客传达了安全的信息，更重要的是，他们亲眼看见并感受到了这些实实在在的防控措施。

提供简单而具体的方向。 在情况一片混乱的时候，你的团队需要了解公司的状况以及他们应该做些什么。根据我们的观察，那些能够迅速摆脱困境的公司，往往都有一个共同点：他们会把所有情况向员工清晰地说明。无论是工作时间、着装规范、安保程序，还是居家灵活办公、请兼职人员、轮班安排，甚至是工作日志、办公室儿童托管以及定期向主管反馈出勤和任务完成情况的制度，都会一一告知员工。

这种细致的说明，能够消除不必要的臆测和误解。员工们明确自己的职责和任务，不仅有助于提升工作效率，还能让员工在困难时期感受到公司的关心和支持。

不懂的事情要承认。 有时候，管理者可能还没摸清如何应对特定情况。这很正常。没人能预见所有新情况。关键是，你得承认自己的困惑，同时告知员工你正在积极寻找解决方案。

行动要迅速，但必须基于已知事实。谨慎行事，做好最坏打算，才是明智之举。

避免盲目猜测，以免加剧混乱。在掌握的信息范围内行动，随着对危机的了解加深，再逐步扩大行动范围。

任命一个危机管理团队。如果你经营的是一家大公司，你要甄选出具有领导潜力的员工组建团队，协助沟通和指导。这样的团队可以提升士气、发现困难、代表同事发声，并根据日常经验提出解决方案。他们还能帮助高层管理者找到最为有效的调整方案。

确认员工的安全。导师型管理者在危急关头善于使用电话沟通。2018 年 9 月，犹他州中部的极溪和秃头山两地的野火迅速交汇，烧毁了近 500 平方公里的面积，迫使近 6 000 人撤离。斑竹人力资源公司的合伙创始人亲自致电受火灾影响的员工，给予大家慰问。他们没有选择发送电子邮件或短信，而是坚持打电话，传递真挚的关怀。

为员工的牺牲分担损失。那些真心热爱自己公司的员工深知，他们的管理者从不会要求员工去做管理者不愿做的事。若需临时削减员工工资，你应首先削减自己的工资，且削减幅度至少与员工相同，甚至更多。这样的做法不仅体现了公平与担当，更能赢得员工的尊重与信任。

评估、评估再评估。我们见过一些在经济衰退和危机中表现出色的公司，其管理者始终关注其策略的有效性。他们会对整个危机过程进行复盘，总结成功的经验和失败的教训，从而为应对未来可能发生的危机做好充分准备。

重中之重，要创造希望。没人愿意追随悲观主义者。成功的管理者本质上都是乐观主义者。损失和不确定性会让人困苦。你的员工需要信心和理由与公司一起坚持，即便当下"成功"的意义与之前完全不同。告诉员工你的信念，凭借智慧和决心，你最终会找到新的生存和发展方式，你们都会成功。

风险把控第一原则是维持财务健康

无论你是在应对危机还是寻求更灵活的管理策略，良好的企业财务状况将赋予你更多选择。维持财务健康需要投入时间、精力并保持克制，一旦你能做到，你和员工都将受益。你将能够更人性化地对待员工，而不是仅仅将他们视为工业体系中的零件。正如珍妮特所言：

> 作为企业主，我一直在努力将每分钟和每块钱都用到极致，但我不能对员工有这种想法。我认为拥有良好

的商业原则，是解决这个问题的关键。我之所以感觉无须将公司的每一分钱都用到极致，其中一个重要的原则就是公司的账面始终要留有余款。

这种财务管理方式帮助我减轻了压力，但也需要一定的自律。我的车是一辆已经开了八年、车身有凹痕的面包车，我不换车就是不想给公司增加负债。我讨厌负债，因为它会让你成为金钱的奴隶，让你不得不将钱看得比人更重要。

虽然不是每家公司的运营都能始终保持公司不负债、拥有储备资金，但这应该是我们追求的目标。这样的财务状况只会让你的公司更加稳固，为那些终将到来的困难时期做好更充分的准备。

在工作中，员工们不仅需要身体上的安全，更需要精神上的慰藉和保障。因此，我们必须努力创造一种心理上和职业上的安全感，因为在困境中，人们更能看清彼此的真情。当危机过去，员工们会铭记我们在此刻的所作所为，这份情谊将成为我们共同的宝贵财富。

职场真诚时刻　**你是否做好了风险把控措施?**

问题 1:你的员工是否知道,他们在遇到困难时可以找你交谈?如果答案是肯定的,那么请思考一下,这种信任是如何建立起来的。是因为你过去的行为赢得了他们的信赖吗?如果答案是否定的,那么现在就是开始积累信任的最佳时机。

问题 2:你的公司在应对危机的准备工作方面做得如何?是否拥有足够的备用资金?或者已经制订了能够应对短期危机的节流计划?如果整个行业、城市甚至国家再次遭遇类似疫情这样严重且突如其来的灾难,你又将如何灵活调整策略,确保公司的稳健运营?

问题 3:你采取了哪些措施来确保员工不仅不会受到短期或长期危机的影响,并且从内心深处感到安全?你是否有应急计划并告知了员工?你们能用头脑风暴的方式共同想些创意吗?

练习与挑战　**为可能的艰难时刻做好准备**

如果你的企业挺过了疫情,分析一下哪些措施有效、哪些还能做得更好。如果你将领导一个新的企业,或者对你而言是个全

新的行业，那么现在就请开始为下一次个体、当地或者国家危机进行情景规划。

公司的病假和丧假制度是否灵活、合理？哪些工作可以远程完成？你给员工的薪资是否够高到足以让他们为自己的生活竖起一道缓冲屏障？当有人需要帮助，却超出了你的能力范围时，你是否可以向他们推荐其他的专业渠道？

注意你的财务状况，制订业务持续计划，开展应急演练，尽一切可能做好充分准备。

I LOVE ♡ IT HERE

How Great Leaders Create Organizations Their
People Never Want to Leave by Clint Pulver

第 10 章

永远愿意
接受指导

10

> 在你已经懂得一切之后又学到的东西才是最有价值的。
> ——美国国家篮球名人堂第 1 人　约翰·伍德

　　我们对生活的许多认知和看法，深受我们所处的环境、文化和交往人群的影响。在领导力和商业领域，这一点尤为明显：**你所营造的周边环境，不仅反映出你将成为何种类型的领导者，更是推动你的领导力发展的重要因素之一。**

　　截至目前，我们在书中已经深入探讨了你的影响力、感召力和指导能力（influence, advocacy, and mentorship）如何塑造你的员工。事实上，你始终在接受着其他人的指导。你的同事、上级管理者、高层领导，以及网络媒体或你所阅读的书籍中吸引你注意力的领导者们，都在潜移默化地影响着你对领导力的理解和实践。即便你并没有选择全盘接受他们的理论和行为，他们仍然在你的领导之路上发挥着重要作用。

　　在卧底调查期间，我曾与多位首席执行官及团队管理者会面交流。在交流过程中，我注意到一个核心因素，它正是一些领导者能够进行积极而富有意识的员工指导、使员工热爱工作，而另一些领导者无法做到这一点的关键。这个因素就是：**卓越的导师永远都愿意接受别人的指导。这是他们的特质。**

微软的比尔·盖茨、谷歌的拉里·佩奇和埃里克·施密特、脸书的谢丽尔·桑德伯格、优步的艾米尔·迈克尔、财捷集团的布拉德·史密斯都有一位共同的导师——比尔·坎贝尔（Bill Campbell），他们称他为"教练"。

坎贝尔最初作为球员效力于哥伦比亚大学橄榄球队，后来转型成为该队的教练。之后，他进军商业领域，曾担任苹果营销副总裁，为自己树立了良好的声誉。如今，他已成为我们这个时代一些资深、杰出领导者的金牌导师和顾问。

这些领导者年轻时就已经是各自行业的顶尖人物了，但他们仍在不断寻求指导和建议。如果你更深入地探寻他们成功背后的秘诀，你会发现，这些高管并不只依赖一个"教练"，他们身边有许多导师。这些导师们为他们提供了宝贵的经验和智慧，帮助他们在商业领域不断前行。

通常，上市公司会设立董事会。董事会由公司高管选举的值得信赖的顾问组成。这些顾问可以是内部人员或外部专家，主要负责监督公司的运营和发展。他们积极参与重大决策，对公司经营提出建议、出谋划策、提供指导。董事会是推动公司不断向前发展的核心力量。

如果你的公司想要不断发展，你也需要有自己的"董事会"。你需要建立你个人的"导师委员会"。这个委员会的成员无需与公司有正式关联，也不需要承担法律或合同上的职责。他们是你精心挑选的一群人，可以给你带来启发性建议，或者提醒你关注未曾考虑过的问题。当你需要建议或面临挑战时，这些导师就是你的智囊团，帮助你从不同角度审视问题，推动公司和个人向前发展。

在这些导师中，有些人乐于免费为你提供指导，而另一些人可能会收取一定费用。如果你渴望成为优秀的领导者，那么无论是物质上还是精神上的投资，都是值得的。

> 对于自己未曾涉足的领域，你无法凭空效仿。因此，让更多能做"非凡事"的"非凡人"为你所用，不失为明智之举。
>
> *I LOVE IT HERE* ♥♥

随着年龄的增长，我逐渐领悟到这条简单法则的深刻内涵。想要追求卓越，你必须围绕在优秀的人周围。争取与那些在你向往的领域里出类拔萃的人建立联系。这意味着，你需要更多地参与大型会议和研讨会，不仅要融入其中，更要敢于提问，保持一颗探求真理的好奇心。

尽管我们无法与每一位心目中的英雄建立友谊，但这并不妨碍我们向他们学习。你可以关注他们的社交账号，加入他们的线上社群，订阅他们的播客，阅读他们撰写的书籍，与他人分享并探讨你的学习心得。这一切都能帮助你构建起一个广阔的人际网络，与那些你信任和敬仰的人建立起联系。

多年来，我一直关注着凯勒·威廉姆斯房地产公司（Keller Williams Real Estate）。这家公司有一个独特的培训项目叫作"地图"（MAPS），该项目在业界享有盛誉。该公司的前首席执行官戴安娜·科科茨卡（Dianna Kokoszka）凭借其卓越的领导才能，赢得了业界"最具活力导师型管理者"的美誉。

我可以毫不夸张地说，戴安娜对于"优秀的导师永远在接受别人的指导"这一观念有着深刻的理解。在她任职期间，她成功组建了一支由公司各部门精英组成的

370 多人的教练团队。令人瞩目的是，经过仅仅 7 周的培训，这支队伍中 5% 的经纪人便占据了公司房源推荐榜超过 20% 的份额。更值得一提的是，在第 4 季度，这些经纪人的销售额竟占据了公司总销售额的 47%。这一小部分员工所取得的巨大业绩，充分证明了向经验丰富的导师学习的重要性。只要你肯努力与那些有经验的导师建立联系，并向他们学习，你也有可能成为那 5% 的佼佼者。

那么，现在谁是你的教练呢？谁会像培训和指导员工那样培训和指导你？这种关系无论是有意识的，还是无意识的，都值得我们去深思。你经常与哪些人保持联系？**请记住：与你交往最频繁的人，无疑会对你产生最深远的影响。更关键的是，那些你主动选择去学习的人，他们的影响力才是最大的。**

优秀导师的"5C"品质

在寻找潜在导师的过程中，我们不仅要回顾、盘点生命中那些最令我们尊敬的人，更要以他们是否具备优秀导师的品质作为衡量的标准，而不仅仅是基于我们对他们的喜爱程度或是与他们相处时的愉悦感。我将这些品质归纳为导师的"5C"品质：

◎ 自信（confidence）。

◎ 资历（credibility）。

◎ 实力（competence）。

◎ 担当（candor）。

◎ 关爱（caring）。

接下来，我们简要探讨一下这些品质在具体行动中的体现，以及它们在领导力和指导过程中所蕴含的价值。

1. 自信（confidence）

如果你看过创智赢家（Shark Tank）[①]这档真人秀节目，或者从美国最大的电视购物公司 QVC[②]购买过商品，那么你一定对洛里·格雷钠（Lori Greiner）的自信印象深刻。她不仅是自信的典范，还是兼具其他 4C 品质的商界精英。作为发明家和企业家，她创造了 1 000 多种产品，并持有 120 多项专利。她撰写的畅销书《发明它、卖掉它、存入银行！将百万美

---

① 该节目给发明创业者提供平台展示发明和获取主持嘉宾投资赞助。

② Q 即质量（quality），V 即价值（value），C 即便利（convenience）。

元创意变为现实》(*Invent It, Sell It, Bank It! Make Your Million-Dollar Idea into a Reality*)展现了她非凡的洞察力。更令人惊叹的是，她的产品发布成功率超过了90%，这表明她对产品的市场前景有着清晰而准确的判断。

格雷钠凭借坚定的信念和出色的领导才能，成功带领她的团队达成了目标。她深知自己的优势，并充分发挥了这些优势。那么，你目前或潜在的导师是否也对自己的能力充满自信？他们是否了解自己的长处，并善于利用这些长处？当其他人犹豫不决时，他们是否敢于用自身能力作为担保，果敢行动？你呢？作为一位领导者和导师，你又该如何培养自己的自信？

2. 资历（credibility）

资历涵盖了一个人的受教育程度、所掌握的技能以及过去的工作和生活经历。这些共同构成了他们在特定领域或某些专业为他人提供培训和指导的能力。你的导师具备哪些资质？他们有什么经历？作为一位优秀的导师，他们要不断提升自己的知识、技能和经验，不断追求进步。这也同样适用于你。

西德尼·波蒂埃[①]（Sidney Poitier）在《阳光下的葡萄干》(*A*

[①] 美国、巴哈马双国籍演员，导演，编剧，外交官，获得了第74届奥斯卡金像奖终身成就奖。

Raisin in the Sun）、《野百合》（*Lilies of the Field*）以及《猜猜谁来吃晚饭》（*Look Who's Coming to Dinner*）等多部影片中塑造的角色，一直鼓舞着无数人。然而，他最为人称道的是他作为导师，在指引后辈方面所发挥的作用。

丹泽尔·华盛顿[①]（Denzel Washington）将自己的许多成就都归功于波蒂埃的悉心指导。有一次，华盛顿在接洽一部重要动作片前，向波蒂埃征求意见。该片片酬高达 60 万美元，对于当时的年轻演员而言，这无疑是令人心动的数目。

然而，影片内容涉及一些可能引发种族问题的敏感话题。波蒂埃建议说："孩子，你的前三部电影将决定你在整个职业生涯中的形象基调。因此，务必做出明智的选择，遵从内心的声音。如果可以，那就耐心等待。"华盛顿采纳了他的建议，选择了等待。第二年，他主演了《哭喊自由》（*Cry Freedom*），并因此首次获得奥斯卡提名。

有资历的导师都是"过来人"，他们丰富的人生经历将为你的人生旅程保驾护航。

3. 实力（competence）

资历是你积累的知识和技能，而实力则体现了这些知识

---

① 好莱坞最具号召力的演员之一，也是目前好莱坞身价最高的黑人影星之一。

和技能的实际应用。你的篮球教练或许对篮球的理论知识、各种技巧、统计数据、比赛规则与标准了如指掌，但他们是否真正具备实战能力呢？他们能否准确地将球投进篮筐？你的导师能否亲身示范并成功执行他们所教授的技巧和策略？同样，你能否将你传授给别人的知识和技能付诸实践，并达到预期的效果呢？

还记得第 3 章中提到的"梦之队"吗？如果没有查克·戴利的出色领导，他们可能无法配合得如此默契。戴利教练不仅深入了解篮球这项运动，更懂得明星球员的感受，以及与其他明星球员并肩作战的心态。他具备自我调节的丰富经验，深知如何凝聚人心，打造一支团结、高效的球队。这种能力并非通过阅读指南或简单观摩他人就能轻易获得，它更多地来源于实践和经验积累。因此，在寻找导师时，我们应选择那些身经百战、经验丰富的导师，而不仅仅是追求表面的虚名。

4. 担当（candor）

担当的根本在于坦诚。你真正需要的是那些能够对你极度坦诚的人。这样的人不会一味地认可你，而是会在各个方面给予你坦诚而直接的反馈，哪怕这种反馈可能让你感到不适。正是通过听取这样的评价，你才能不断反思并提升自己。

你能从导师身上汲取的最宝贵的品质，就是既直言不讳又充满同情的坦诚。每个人都需要值得信赖的人对自己坦诚相告，特别是在需要改进和提升的方面。如果生活中有幸遇到这样一位导师，他不仅会对你坦诚相待，还能教会你如何以同样的方式指导他人。

波士顿凯尔特人队的主教练布拉德·斯蒂文斯（Brad Stevens）就是拥有这种担当精神的杰出典范。美国娱乐体育节目电视网（ESPN）的扎克·洛（Zach Lowe）对斯蒂文斯的执教风格进行评价时说："斯蒂文斯教练的执教重点始终放在行动上：'我们没抢到那个篮板，你应该早点换位。'他的批评从不涉及球员的性格，没有人会被轻易贴上懒惰、愚蠢或自私的标签。斯蒂文斯只会就事论事，指出哪里做得好、哪里还有待提高，以及下次比赛应该如何调整策略。"

建立像布拉德·斯蒂文斯与球员之间那样的坦诚与默契，需要投入大量的时间和精力。这种默契的基础在于双方之间建立起的深厚信任。只有当球员深刻体会到教练的反馈完全是出于对他们的关心和帮助，而非抱怨和失望时，这种信任才能得以建立。你在导师身上看到的这种特质，可以展示给你的员工。随着时间的推移，这将营造出一种彼此坦诚相待、相互尊重的良好氛围。

5. 关爱（caring）

如果没有深厚的情感联系，指导便难以持续。因此，你需要寻找的不仅是一位导师，更是一位真正关心你、重视你、并真心希望你成功的人。这样的导师愿意无条件地支持你，正如你希望并支持你的员工那样。你的导师是否真正重视你？他是否把你的需求和你所关注的事放在心上？当你取得成就时，他是否会比任何人都更高兴？为你的成功而欢欣鼓舞？这些都是判断导师是否合格的重要标准。

在"卧底调查"项目的推进过程中，我们曾深入教育领域进行了广泛的研究，与众多大学和学院的学生及教职员工进行了交流。我在某学院进行调研时，经常在校园里散步，与来自不同院系的师生聊天并询问"在这里上大学感觉如何？你喜欢在这里教书吗？你对这所校园的印象是怎样的？"之类的问题。在收集到的回答中，有一个名字多次出现，那就是罗伯特·胡力汉（Robert Houlihan），人们有时亲切地称他为鲍勃。几乎每个人都会提及鲍勃，并分享他是以怎样的方式改变了他们的人生的。

经过几次深入的交谈，我得知鲍勃在莫洛伊（Molloy College）学院工作了 36 年。他的职业生涯始于垒球教练，期间成功培养出 6 名全美最佳球员，并在 1994 年和 1995 年连续两年率领球队夺得东部大学联盟杯（ECAC）的冠军。后来鲍勃升任学生事务副总裁。2017 年，鲍勃光荣退休。

在亲眼见证了师生们对鲍勃的极度认可之后，我心中涌起一股强烈的冲动："我必须在离开这里之前见见他！"鲍勃非常热情地接待了我，并且端上了一盒樱桃馅的甜圈圈。看到我满心欢喜的样子，他微笑着说："咱们可以边吃边聊。"

我对鲍勃说，能与他见面我深感荣幸，因为校园里的每个人似乎都有一个与他有关的故事。他却笑着回答："哪里，跟我没什么关系。"

鲍勃给我分享了他在莫洛伊学院的时光，他的个人信仰，以及他对生活和领导力的见解。他从不以刻板的方式看待学生，不论他们是大一新生还是即将毕业的学生，是体育生还是学表演的，他把学生视为不同专业的一个群体。

"每个人都在生活中扮演着不同的角色，我的职责就是帮助他们在这里成为自己人生的主角。"

他告诉我，师生们常常亲切地称他为"导师"，作为他们的守护者，他深感责任重大。他坚信每个人都蕴藏着独特之处，都有自己的故事等待被发掘和讲述。他始终以学生为中心，致力于帮助他们更好地讲述自己的故事。

现在他已经退休了，但我深信，他的精神和影响力是无法被替代的，这一切都源于他对他人的深切关爱。

这类人正是能够激发他人不断前行的导师。去寻找你生命中的那位"鲍勃"吧，找到那个能够助你实现梦想的人。同时，你也要努力成为员工心中的"鲍勃"，为他们指引方向，帮助他们成长。如果你不再关心你的员工，公司必然会走向衰败。你努力提升自我的同时，别忘了帮助你的员工共同进步，因为团队的成功离不开每个人的努力。

从另一个角度来看，我们必须警惕消极的做法：麻木不仁。优秀的导师总是能够激励我们不断奋进。然而，在我的研究过程中，我也发现了令人担忧的现象：一些领导者在管理过程中很容易听信那些忽略员工感受的建议。因此，我们必须时刻保持警惕，避免陷入麻木不仁的境地，而是应该积极寻求那些真正关心员工、能够激发团队潜力的管理智慧。

花点时间问问自己：你周围谁的声音"最大"？你身边的人是否总是在抱怨，很少积极地看问题？你的同事或上级是否会为了达到目的不择手段？

I LOVE IT HERE

现在是时候打破这种平衡了，去结识一些新人，或者干脆从旧的环境中剥离出来。

记住，声誉对你和你的导师而言都很重要。无论是因为导师关系出现了裂痕，还是这段有益的关系自然走到了尽头，我们都应该以最大的尊重和最深的关爱去面对，哪怕是需要通过艰难的对话。我们不能忘记最初为什么选择他们，对于在他们的指导下取得的成绩或成就，我们都应该心怀感激，亲口说声"谢谢"，感激之情永远值得表达。

最值得你学习的人，可能比你年轻

如果你已经有了导师，却发现自己并未取得任何进步，那该如何是好呢？有人认为"五十以后不学艺"，这句话其实并不准确。学习能力的强弱与年龄无关，而是与你的心态有关。如果你害怕改变，对新事物抱有抵触情绪，担心这会威胁到你对所学专业和熟悉事物的固有看法，那么要想改变你的观点和行为模式将会非常困难。

这个世界及我们对它的理解在不断地变化，总有些知识是我们尚未掌握的。只有保持学习的心态，我们才能够接受新知识，进而从容地将它们融入我们个人的职业和生活中来。

193

当然，我提到学习能力与年龄无关，这并非绝对真理。在现实生活中，确实有一些人难以接受年轻人的指导。这种偏见非常有害。在选择导师时，年龄不应成为影响因素。

> 如果我们能够抛开偏见，以开放的心态去寻找，就会发现，那些最有资格帮助我们和指导我们的人，很有可能比我们年轻。
>
> —— *I LOVE IT HERE* 💙💙

无论你生在哪个年代，比你年轻的人都会用全新的视角和眼光来看待这个世界；比你年长的人则因为他们的经历，对生活和事业拥有独特的经验和见解。因此，在组建你个人的导师委员会时，你应该积极融合不同年龄段的人，以便充分挖掘不同观点的价值。

从"最伟大的一代"到"沉默的一代"，从"婴儿潮一代"到"X一代、Z一代"，甚至是即将诞生的下一代，每一代人都有其独特的贡献和视角。通过汇聚这些不同的声音和智慧，你将能够更全面地了解这个世界。

成功的领导者普遍具备的长处就是能够保持"新秀模式"，这是莉兹·怀斯曼（Liz Wiseman）在她的《新鲜感》（*Rookie*

Smarts）一书中提到的。在这种模式下，他们勇于承认自己在某些领域不是经验最丰富的人，愿意保持谦逊的态度，并乐于接纳来自各方的建议。这些建议可能来自业界的佼佼者、比自己年轻的财务顾问，或是比自己更出色的同行。正是这种心态，使得那些优秀的管理者愿意接受挑战，不断磨砺自己，追求卓越。

随着你在组织中地位的提升，作为一个具有影响力的人，你将不可避免地面临各种困难。你会被各种观点所包围，既有来自其他领导者的建议，也有员工的意见，告诉你应该这样做或那样做。面对干扰，导师委员会将帮助你保持专注。他们不仅会在你面临批评和指责时给予鼓励，更会在你遭遇短期失败时提醒你放眼大局。这些导师们关注公司的最高利益，他们的经验和智慧将帮助你坚定信念、克服挑战。

我们都有需要依靠别人的时候。

当你有优秀的导师可以依靠时，你才能更好地成为别人优秀的导师。

职场真诚时刻　**你能从周围的人身上学到什么？**

　　问题 1：看看周围，谁是你的导师？他们是如何影响你的管理方式的？

　　问题 2：你理想的导师委员会是怎样的？你会如何着手与你的潜在导师们建立关系？

　　问题 3：你在指导自己的员工时，怎样举例说明导师的"5C"品质？

练习与挑战　**创建你的专属导师团**

　　列举 5 位可能成为你导师的人。

　　列出他们的性格和才能，并将其与合格导师的"5C"品质以及你个人认为导师必备的品质进行比对。

　　然后试着与名单中至少 3 位接触，看看怎样才能请他们当你的导师。

　　至少要请名单中的一位来指导你的工作和个人生活。

I LOVE IT HERE

How Great Leaders Create Organizations Their
People Never Want to Leave by Clint Pulver

第 11 章

帮助他们生活，
而不仅是生存

11

生活是世上最珍稀的事，大多数人只是生存，仅此而已。

——奥斯卡·王尔德

我再和你分享一段回忆。当时我坐在一架单引擎 DA20 卡塔纳飞机的驾驶舱里，头上戴着硕大的耳机，停在滑行道上准备驶入 3-1 跑道。我一只手握着面前的操纵杆，另一只手按下通话按钮，通过无线电向塔台喊话："赫伯城市交通，这里是卡塔纳 1-0-6 威士忌阿尔法，请求驶入 3-1 跑道。跑道是否通畅，请回话。赫伯城市交通。"

在引擎的轰鸣声中，我紧张地留意着是否还有其他行驶或飞行中的飞机。但除了引擎声之外，我什么也没听到。

我缓缓松开刹车，给油，然后推动左方向舵，这样就可以调整机身，与旁边 1 英里（1 英里约等于 1.609 千米）长的沥青跑道平行。螺旋机开始飞快旋转，风速条件完美。我把油门尽量往前推。飞机从 20 节跳到 30 节，然后 40 节、50 节。当我慢慢退回手柄，前轮发出噼里啪啦的声响。机头上扬，两个后轮的阻力越来越小，3、2、1……飞机腾空而起。

我当时 18 岁，很多高中毕业的学生，连车都不会开，我竟驾驶起了飞机。这段经历中最酷的是，我边上的位子空无一人。

那天是我第一次单人飞行。如果你让飞行员给你讲讲第一次"单飞"那天的情形，他们一定会滔滔不绝地告诉你所有的细节：天气、机型、时间、穿戴，所有的一切。他们不会忘记那个时刻。

飞行是我的梦想。小时候我卧室的天花板上挂满了玩具直升机和玩具固定翼飞机，玩具商店每出售一款新飞机我都会买回来。我沉浸在自己的航空世界里，立志长大要当一名救援直升机飞行员。一想到驾驶着涡轮直升机飞上山顶，救援人员打开舱门顺着救生索下去解救那些被困的登山者，我就觉得再也没有比这更令人兴奋的事了。

那就是当年我想要做的，而且梦想之路走得非常顺利。高中毕业时，我拿到了飞行驾照。那张证书对我来说比高中文凭意义更重大。

毕业后不久，我为教会服务了两年。回家之后，我需要更新驾照。我去车管局的那天，等了一个半小时才叫到我的号。

"请 242 号到 4 号窗口。242 号。"

终于挨到了。我从椅子上跳起身,走向柜台,放下文件资料。一位女士立刻开始快速翻阅我的资料。她没看我,也没说话。

她边看文件边嘟囔,还在申请表上胡乱写了点什么,然后指了指柜台旁的一个黑盒子。我照她说的,把头伸进洞口。

"点一下边上的按钮,告诉我你看到了什么,"她说,"一定要用力按。"

我把头完全伸了进去,按按钮的时候眯着眼睛。屏幕变成了白色,上面显示出 6 个黑点。

再按,仍旧只有 6 个黑点。我抬起头说:"女士,我不知道机子是不是坏了。"

"你确定用力按了吗?"她问。

我又试了一次,还是什么也看不见,只有背板灯苍白的亮光加 6 个模糊的点。

"女士,这台机器坏了。我能试一下别的吗?"

她慢慢地从资料上抬起头说:"我今天已经坐在这里 8 个小时了。见了几十个人,每个人都把头伸进同一个黑盒子里读字母。快读字母!"

我竭力控制着情绪,握紧拳头咬着牙,内心懊恼之极。我不想吵架;我只想拿到驾照然后离开。于是我再次走向那个盒子。

按一下。

按两下，三下、四下、五下。我变得彻底焦躁不安，开始反复用力戳那个按钮，还是看不到任何东西。

她把资料推到一旁，出来把我挤到一边，自己把头伸进那台设备喊道："C-K-G-E-L-F-Z-Y。"她缩回头，转身看着我，仿佛我是个白痴。"我能看得见字母，"她说，"我只需要你把它们念出来。"她挪到边上，把地方腾给我。

我朝盒子里瞥了一眼，还是什么都没有："瞧，我什么也看不到。"

我们四目相对，直到她眼中的怒火慢慢退去。"亲爱的，"她说，"我想你的眼睛出了问题。"

"你胡说什么？"我嘲笑道，"我可是开车来的。"

"是吗？那你开不回去了。"她伸手从柜台上拿过一个大大的红色印章，干脆利落地朝我的文件上啪的一声盖下去。一行硕大的红色字母印着："拒颁驾照：未通过视力测试。"

没有驾照无法独自开车离开车管局，我只好打电话给妈妈。"妈妈，"我说，"我得搭车回家了。"

"搭车？"她疑惑地问，"为什么？"

我深吸了口气。直到那一刻我才真正反应过来这一切究竟是怎么回事。"妈妈，"我回答，"我的眼睛出了问题。"

后来我去犹他大学的莫兰眼科中心就诊，经一位眼科权威专家诊断，我患上了一种叫圆锥角膜病①的罕见眼科疾病。

因为这是种退化性疾病，我的视力会随着年龄的增长而逐步变差。随着时间的推移，我的眼角膜会越来越薄，直到最终完全失明。当时，只有两种办法：要么任其发展，要么接受眼角膜移植。

我曾经说过，我深信某个瞬间足以颠覆人的一生。得知自己视力将逐渐衰退的那一刻，便是我生命中的那个瞬间。我坐在那间白色的房间里，听医生对我说，我很有可能从此以后失明。

"你的眼睛跟 80 岁老人的眼睛差不多，估计 30~34 岁之间，眼睛可能会失明。"然后他问，"你以后打算做什么？有职业规划吗？""我要开飞机，"我说，"我想当飞行员。"

医生看着我，一脸严肃地说："不可能了，以你的条件，不可能开飞机了。"

几年后，我很幸运地成了一项名为"角膜交联"的新手术首次临床试验的参与者。2012 年我先接受了右眼的手术，4 个月后又做了左眼。手术成功阻止了我的视力继续恶化。到 2016 年该手术通过了美国食品和药品管理局的全面批准。回想起确

---

① 是以角膜扩张、中央变薄向前突出，呈圆锥形为特征的一种眼病。

诊那天，我在医生的办公室里，面对的只有绝望。前一刻我还是个满怀梦想、目光坚定的年轻人，下一刻，我便眼睁睁地看着我的世界在眼前崩塌。

我一直记着这个教训，尽管我侥幸躲过了失明的命运：我们往往直到即将失去的那一刻，才能真正意识到拥有目标的重要性。

杜绝毫无意义的工作

在参与卧底调查的过程中，我观察到很多员工只是为了生存而工作，缺乏明确的生活目标。他们忘记了生活的意义，尤其是在对待工作的态度上。对于很多人来说工作只意味着薪水。正因如此，他们对公司并无忠诚可言，也没有什么能阻止他们在有更好的机会时跳槽。

他们缺乏发展方向和留下来的理由。但正如我在这本书中反复强调的那样，我参与这个项目的真正意义，在于从那些热爱自己的工作、真正乐在其中的员工身上汲取经验。这些员工之所以如此投入，是因为他们遇到了关心他们成长、致力于让他们的工作和生活更加丰富的领导者。

正是这些导师型管理者，使得一切都变得不同。我希望你能够将这一点铭记于心，这些管理者之所以能够取得成功，其根源是因为他们对员工的高度关注。他们绝不会忘记，无论是工作的出发点还是执行过程，都是建立在关爱员工、与员工建立真诚关系的基础之上。这样，他们不仅能够改善现状，还能为公司缔造独特的传统。

我投入了大量时间指导青少年和高中生，和他们共事，帮助他们拓宽视野、深入探索自身的潜能，并发现那种既能彰显个人价值又对社会有意义的奉献方式。我询问他们未来的职业愿景时，听到最多的回答是"我不知道"。其实，很多年轻人不知道自己想做什么，也不知道对自己来说最重要的是什么，这并不奇怪。毕竟，要明白这些，往往需要经历时间的沉淀、生活的历练和不断地尝试。

问题在于，很多人似乎永远都不明白人生的目的和价值是什么。根据 2017 年盖洛普的一项调查显示，美国竟有高达 85% 的成年人讨厌自己的工作，这意味着只有 15% 的人享受自己的工作。我们不应把注意力放在 85% 不快乐的人身上，而是应该关注一下那 15% 热爱工作的人。他们是如何理解并找到工作的意义、乐趣和满足感的？

我们在早期的调查中惊讶地发现，人们热爱工作的主要原因并非有形的福利。丰厚的薪资、高额的保险、便利的地理位置或其他额外津贴确实有帮助，但一些无形东西，比如快乐、激情、兴奋、动力、目标感、归属感和价值感才更能带来满足感。于是我们开始探寻其中的原因。

分析结果再次验证了我始终秉持和坚信的某些东西。我们发现，员工之所以能在工作中找到目标和满足感，首要因素是：他们与其他有目标、有成就感的同事之间的交往和互动。

这就是你发挥作用的地方。

皮尤研究中心（Pew Research Center）在疫情暴发之前就揭示了一个令人担忧的现象：员工在经济、政治和职业前景方面正面临着巨大的不确定性。报告称，约半数美国父母认为，他们的孩子不如他们这一代。千禧一代和 Z 一代没有发展方向，心存恐慌。

> 目前职场存在的最大问题不是压力大、福利少或者加班多，而是员工认为工作毫无意义。
>
> —— *I LOVE IT HERE* ♥♥

年轻员工特别希望商业领袖能分享他们的价值观和激情，帮他们融入更大的舞台。他们渴望有意义的工作，渴望与杰出人士交往。当无法从现有工作中找到这些时，他们就会寻找其

他工作机会，投奔其他管理者。

影片《沙地传奇》（*The Sandlot*）中有一句经典的台词：只有英雄会被记住，只有传奇永远不会消逝。还记得送我鼓槌的詹森先生吗？每次看这部影片听到那段台词，我都会想起他，在我心里，这句话是："英雄会被记住，詹森先生永远不会消逝。"

如果你认为这有点夸张，那么试着不借助手机，回答以下这几个问题：今年，美国职业橄榄球大联盟最有价值的 3 位球员分别是谁？他们各自效力于哪支球队？上两届奥斯卡最佳男主角或女主角是谁？上两届美国小姐选美比赛冠军得主是谁？不知道？商业方面的问题或许会容易些。去年哪两家公司的利润率最高？别着急，很多人都不知道。

试试回答这个问题：能否想起一个改变你生活的培训师或导师？你是否还记得他们的名字？告诉我谁是你成长过程中最好的朋友，或者，在你困难的时候伸出援手的那个人是谁？告诉我某个让你的工作变得更加愉快的同事是谁？

你在回答这些问题之前，先思考一下：当我问你最富有、最有运动天赋、最有才华、最漂亮的人是谁时，你也许能说出一两位。但针对第 2 个问题，我敢保证，你不仅能够记起他们的名字，还记得跟那个人有关的不少时刻。你甚至能给我描述他们给你的生活带来重大改变的每一个细节。

为什么你能做到这些？因为他们对你而言非常重要。因为他们懂得人是最重要的因素。他们愿意花时间视你为一个有需求的个体。正因如此，他们才会一直活跃在你的脑海里。

如果你读过跟临终遗言有关的研究报告，你就会知道，人在弥留之际所说的话有多不可思议。通过研究死亡，你能学到关于生命的含义。从来没有人会说他们后悔没赚到更多的钱、买更大的房子；从来没有人说他们应该加班加点，爬上更高的职位。

相反，人们表达的是，希望与身边的人建立更好的关系；希望能有更多的时间陪伴父母；希望交更好的朋友；希望照顾那些真正有需要的人。他们希望能与自己最爱的人建立更有意义的情感关系。

他们不仅后悔没能建立有意义的情感关系，也后悔没能为比自身更重要的事情贡献力量。他们渴望在人生旅途中不再拼命想要成为世界上最有用的人，而是要成为对世界最有用的人。

让他们说出"我喜欢在这里工作时的自己"

马克·吐温说："人一生中有两个最重要的日子，一是出生那天，二是发现你为何而生的那天。"当你明白自己为何而生，

你就有机会每天都为之努力了。你有机会去梦想，而不仅仅是工作。

我认为生活就是寻找满足感、享受快乐和认识人生意义。生活就是要充满激情，相信自己能做比自身更有价值和意义的事情。你那样生活时，就会觉得自己是在为周围的世界作出重大贡献。

在飞行学校，我学到了保持航向和维持航道的重要性。知道自己的眼睛即将失明、飞行梦即将破灭时，我感觉完全没了方向。没有明确的目的地，如何保持航向？我决定去上大学，毕竟，那就是高中毕业的下一站。我的父亲从事医疗行业，并且乐在其中，因此我想这也可以成为我的专业。

我把对飞行的热爱埋在心里，入学前，我去拜访了学院的一位职业顾问，希望能得到一些指引。我听说医学领域是个不错的职业选择，但希望有人能帮我打消疑虑。我担心自己的数学成绩会影响我学医。

当我坐在这位职业顾问面前，告诉他，我对学医没信心时，他仔细打量着我，然后说："我相信只要努力用功，你是可以做到的。但我还是要问你一个问题，如果无需考虑钱或者其他任何因素，你会做什么？"

这个问题让我有些不适，因为它戳中了我的痛处。尽管我已经把对飞行的热爱都深深地埋在了心底，但我仍渴望能释放我的梦想。

"我不知道。"我耸耸肩说。

他不大满意我的回答，他小心翼翼地说："我希望你能思考爱尔兰剧作家奥斯卡·王尔德的那句话，他说：'生活是世上最珍稀的事情，大多数人只是生存，仅此而已。'"

他直视着我的眼睛："你选择的职业将对你的生活产生深远的影响。它也将在很大程度上决定你究竟是生存还是生活。"

我不安地笑了笑："我当然想要生活。"我试图说服自己。不管怎样，疾病改变了我的人生规划，我曾经热爱飞行，但这一切都结束了。我应该把那份热情用到更合适的地方去。

读大学时，史蒂芬·柯维（Stephen Covey）和约瑟夫·格雷尼（Joseph Grenny）曾来学校做关于成功之道和领导力方面的演讲。

我很喜欢关于领导力的课程，也很有幸担任了学校领导力发展中心的主要负责人、培训总监、犹他谷大学大使、犹他谷大学学生会副主席。最后，我选择了学医，成了一名骨科顾问。

毕业后，凭借新的职业，我买了车和房子，过着富裕的生活。看似一切顺风顺水。我受过良好的教育，有一份很多人眼中的好工作，赚了很多钱。然而，那句话在我脑中始终挥之不去：

"生活是世上最珍稀的事情。"

我无法摆脱那种感觉：我知道有些东西被我弄丢了，但不知道该怎么办。人不能只有方向却没有目标。而我没有目标。

我不断地思考那句话。内心的刺痛告诉我，这不是我该做的工作。对我来说还有更有意义的事情。我反复回想那些领导者的演讲。他们充满活力，对所教的内容饱含激情。他们是真正地在生活，同时也激励他人生活。

直到有一天，我和两位好友在我们钟爱的汉堡店享用午餐，我们的话题自然而然地转到了人生。从世俗的角度来看，我们都算是相当成功的人，但我们对自己目前所做的事情毫无热情。正当我们讨论着各自的职业生涯时，我抛出一颗重磅炸弹，和当初那位职业顾问在办公室里扔给我的一模一样，只不过我附加了三个条件。

"如果一份工作能同时满足以下 3 个条件，你们觉得会怎样？"我问道，"首先，它允许你做自己喜欢的事，让你在一天结束时充实而不疲惫。其次，它能完全满足你的经济需求，让你没有后顾之忧。最后，它能让你做一些比自身更有价值和意义的事情，那些有助于你实现个人目标、对社会有所贡献的事情。"

"这样的工作根本不存在。"其中一位朋友大声地说，"没有任何工作能给你所说的这一切。"

"为什么不存在？"我问。

"你想想，"另一位朋友说，"老师可能很喜欢教学，教书的确是有价值、有意义的事情，但他穷得要命。多数老师为了收支平衡不得不整个夏天都在工作。"

"再比如说医生，收入丰厚，但是经常加班，压力巨大，从来见不到家人，还经常会陷入医患诉讼。"他一边说一边摆摆手，对这个想法不以为然。

我靠在长条椅的靠背上，满心沮丧。有目标、有激情并具备帮助自己和他人的能力，这样的工作或许真的不存在。如果我当年仍有机会当飞行员，也不能保证会同时拥有这三样东西。当然，我可以做自己喜欢的事，但能同时实现更高的目标吗？显然收入一定比不上现在。我还得经常和家人分离。就算我能飞行，很多方面或许也不会一帆风顺。就在此时，一个观念在我脑中闪现：

"生活是世上最珍稀的东西。"

"如果这样的工作真的存在呢？当然可能极少见，但是如果它真的存在呢？难道我们不应该试着去找找吗？"

两周后，我辞去了骨科顾问的工作。我或许还没有明确的目标，但我终于明白了：我不是飞行员，我是探险者。即便没有明确的目标也无妨。这是一次信仰的飞跃，在我生命中未经探索的领域，有我曾经的激情。

接下来的几年并不容易。我投身于职业演讲行业，在此过程中，开发了"卧底千禧一代"项目。

通过这个项目，我发现很多人像以前的我一样，拥有看似光鲜的工作，却很痛苦。同时，我也发现另一些人，尽管他们的工作看似充满艰辛，但他们却充满热情，因为他们的领导展现出了卓越的领导力。这些令人钦佩的人们使他们的企业蒸蒸日上。

这些有影响力的商业创新者为员工营造了一个全新的工作环境，让他们不仅能够生存，而且能够发展。这些领导者亲自指导员工，并实现了我向朋友提出的那 3 个条件：

◎ 他们激发出了员工的优势和激情。

◎ 他们倾听员工的需求，并尽其所能加以满足，包括支付公平合理的薪资，以便他们能够供养家庭。

◎ 他们给了员工清晰的愿景，让他们能够做比自身更有意义和价值的事情，他们给了员工奋斗目标。

"卧底千禧一代"项目让我明白，成功的导师型管理者如果能满足员工对上述三个方面的需求，便能创造出一个让员工能乐在其中的工作环境。

这种环境不仅能让员工在工作中找到乐趣，也能在日常生活中找到乐趣。当你将这些法则运用到自己的公司时，你也会看到同样的结果。

我离开骨科诊所的那一天，就是我开始新生活的那一天。尽管当时我背负着房贷、车贷，即便有些许积蓄，换工作依然让我感到风险重重，但那是我一生中最勇敢、最伟大的选择之一。

你的公司里有些员工可能也像我一样失落。他们可能和我朋友一样，也认为没有一份工作能够满足这三个条件。但是，作为雇主，你有能力为员工打造这样一个理想的职场。这种氛围并非一蹴而就，而是由很多细微而不起眼的时刻营造而成的。这些时刻将激发员工内心的热情与动力，让他们真实地生活，在工作中找到属于自己的价值和意义。

身为导师型管理者，你既拥有与生俱来的优势，又具备后天创造的机会，能够帮助员工过上更充实的生活，那是一种有激情、有目标的生活，同时也能满足自身的需求。这三点对管理者来说至关重要。我们每个人都有机会去拥抱生活，而不仅仅是生存。而这些时刻常常是由某个能看到我们潜力的导师激发出来的。

> 　　不光是为了让你的员工说一句"这是我的梦中情司"，更是为了能让他们说出"我喜欢在这里工作时的自己"。
>
> *— I LOVE IT HERE*

　　你有能力创造那样的氛围、那样的工作场所、那样的文化。通过营造这样的环境，员工不仅可以把自己想象成世界上最重要的人，还能把自己想象成对世界最重要的人。你有能力培养员工的积极性，激励他们找到自己真心喜欢的生活。

职场真诚时刻 阅读本书给你带来何种转变？

问题 1: 实践书中的挑战能帮你为周围的人创造更多有意义的时刻吗？

问题 2: 实践书中提到的那些挑战让你有了哪些改变？

问题 3: 你怎样在个人和职业生活中继续创造有意义的时刻？

练习与挑战 时常回顾才能"知道做到"

如果你还未曾实践书中提到的那些挑战，那么请你回到每一章的末尾，仔细回答问题，并勇敢地接受挑战。如果你能将这些法则真正应用到个人和职业生活中，你将与周围的人，特别是你的员工，建立起更深厚且充满意义的关系。

如果你已经实践了这些挑战，也请时常回顾并反复阅读本书。每次阅读，你都会有新的领悟，因为你的角色在不断地变化。随着你的成长与发展，你的答案也会改变，对法则的运用也会变得更加得心应手。

只要你坚持将这些法则和实践融入你的生活和事业中，你的公司必定会迅速成长，因为你的员工在不断地进步。当有人问及他们的工作时，他们会满怀激情地回答："这是我的梦中情司！"

I LOVE IT HERE 🖤🖤

I LOVE ♥
IT HERE ♥

How Great Leaders Create Organizations Their
People Never Want to Leave by Clint Pulver

第 12 章

改变职场的
11 个管理微习惯

12

> 环境不可能造就伟大，有意识地选择和训练才能成就伟大。
>
> ——吉姆·柯林斯

本章是本书的结尾，但我希望它是一个漫长而又充实的过程的开始。罗马不是一天建成的，它整整花了 1 009 491 天，相当于 2 765 年。

我在书中讲述了 11 条法则，每一章节对应一个法则，但运用起来不可能立竿见影。指导是一个过程，而非目的。就好比艺术作品，艺术家知道，要创作，就必须愿意一直改变。飞行员知道，遵循飞行计划只是飞行的一方面，但同时也要持续对不断变化的情况做出反应。我们需要掌握的是导师的本质，而不是仅仅将其视为一个头衔或身份。

你也许会问："这要花多长时间？我怎么知道最终能否得到回报？要承担这么多的责任，我该如何在不把自己逼疯的前提下实施所有这一切呢？"

2015 年，我的朋友，也就是被称为"钢铁牛仔"的詹姆斯·劳伦斯（James Lawrence），着手做了一件令人不可思议的事情：50 天内在 50 个州完成 50 个铁人三项。那就意味着他要在行遍美国的途中，连续 50 天每天游泳 3.9 公里，骑行 178 公里，跑一个 42.07 公里的全程马拉松。这是非常令人瞩目的体能极限挑战。

我认识詹姆斯很多年了，也曾有过几次机会跟他交流和分享。他总是喜欢在现场跟观众互动。观众问得最多的一个问题就是：你是怎么做到的？他是如何每天大运动量的游泳、骑行、跑步，同时还要保持身体和精神耐力，以便能在 50 天内穿越 50 个州完成 50 个铁人三项的？

他的回答永远是一样的。

> 我长时间地坚持做一些看似微不足道的小事，就是这样。小事坚持长期做。
>
> —— I LOVE IT HERE 💙💙

做小事这个观念蕴含着深远的意义，特别是你在学习指导和指导他人的过程中，更能体会到其重要性。重要的不是你投入了多少时间，而是那份始终如一的坚持：每天花几分钟，说几句鼓励的话，写一封简单的电子邮件并附上几条曾让自己受益的策略，或者就近期的某个项目分享一些独到的见解。

如果你始终专注于引导员工取得更大的成功，而不仅仅是停留在管理层面，那就很容易把握这些小机会。就像"钢铁牛仔"一样，你会发现那些细小而微的时刻终将汇聚成令人瞩目的成就。而对你来说，就是要成为员工的导师型管理者。

我要告诉你的是：成为导师不是一件容易的事。这可不是拿份对照表照着做就能轻而易举成功的。指导是门技巧，需要不断努力、持久投入。每一位参加马拉松的选手、健身教练、舞蹈精英、资深音乐家，他们取得的成就，都源于为了提升自我而设定的那套严苛的训练流程。

我们在工作中常常会陷入惯性思维，尝试新策略失败，犯下各种错误，甚至有时会将学过的知识忘在脑后。

> 用手写的方法记录哪些方法有效、哪些方法无效，并及时总结，对于我们作为领导者持续成长至关重要。

I LOVE IT HERE

把以上这句话视为你的"导师食谱"。写下你的成功经历，记录那些让你和员工欢欣鼓舞、充满希望的时刻，也记录下那些未如你愿的时刻和策略；从自己的成功和失误中总结经验教训。这项简单的操作也将有助于你参考并牢记：哪些做法曾经很奏效以及为什么会有效。

养成随时记录的习惯使很多人取得了成功。美国国家航空航天局在尝试将人类送上月球的过程中，遭遇了无数挫折，其中一次甚至造成了三名宇航员牺牲。然而，他们并未因此放弃，而是坚持不懈地从失败中汲取宝贵的教训，并记录下每一次成功的经验。正是这种精神，让他们最终能够成功抵达月球，实现了人类的伟大梦想。

我们在"卧底千禧一代"项目中合作过的成功的领导者，都在持续不断地践行本书中讲到的法则。

他们明白这 11 条法则：

1. 能改变一个人的人生方向的那个瞬间是无比珍贵的。

2. 领导力是影响员工留任率的重要因素。员工辞掉的是老板，不是工作。而他们选择留下，也是因为老板。

3. 你可以通过聘用合适的人做合适的工作，以此来

打造你的员工"梦之队",让他们彼此间建立起良好的关系,这样你们所有人就是一个有凝聚力的整体。

4.成为导师型管理者会创造出更大的影响力、更高的赢利能力以及持久的员工忠诚度。

5.导师型管理者的职责就是激发员工的各种可能性。

6.员工在安全可靠、令人鼓舞和平静稳定的环境下工作会表现出最佳的状态。保持简单,你就能创造这样的环境。

7.如果你在工作和职业上赋予员工主导权,他们会有更强的动力去提升自己的技能,并为公司的成功而努力。

8.你必须让员工自主开展工作,但也要持续不断地关注他们,看他们做得怎样,确认他们的状态和需求。

9.患难见真情——员工会牢记你在困难面前的反应。

10.导师也需要别人的指导。

11.员工的工作只是生活的一部分,你需要帮助他们拥有激情、目标和帮助他人的能力。

导师和领导者是极为关键且不容小觑的角色。我深信没有哪个职位能给你那么多机会,让你能影响他人的生活,使其变得更好。你有机会与员工建立关系，这个过程将对他们当下和未来的生活产生持久而重大的影响。

连锁餐厅经理南希真诚地对待她的员工，所以她也相应收获了员工的爱戴和忠诚。侍者领班李就像一面快乐的镜子，让他人从中看到真实的自己。还有詹森先生，别人眼中的问题在他眼中就是潜力。成为南希、李、詹森先生那样的人吧。那么每一天，你都将有机会做一些比自身更有价值和意义的事情。

> 领导角色最有意义的一点是，它非常重要。
> 而最难的一点是，它每天都很重要。
>
> *I LOVE IT HERE* 💙💙

生活中最美好的事情，往往都是通过反复运用一些小方法促成的。指导也好，领导也罢，两者并无二致。

导师型管理者只是日复一日创造了一些细小的、碎片化的时刻，从而或多或少改变了他们领导和交往的那些人的生活。他们营造了一个环境，让"梦中情司"的思想超越职场，深入更宽广的领域。

我这次给你提出的挑战，也是你最后需要掌握的，那就是：坚守对自己、公司、员工的责任，成为员工心目中"梦中情司"

的领导者。你有资源、有能力成为这样罕见而有影响力的导师，真的没什么能够阻挡你。

如果你有机会看到一个"坐不住的孩子"，给他们一副象征意义上的鼓槌，你可以看着他们在你公司以及更宽阔的生活中成长和发展。能够凭借职位来建立人际关系，促进他人一生的发展，那是多么荣幸和荣耀的事情。

我之前说过一句话，想在这里再说一遍：关键不是要成为世界上最有用的人，而是要成为对世界最有用的人。假如你只能记住书中的一句话，那么我希望就是这一句。

致 谢

I LOVE IT HERE

撰写这本书的过程充满了持续不断的挑战与挣扎，最终完稿的时间远远超出了我最初的预期，拖延了数年之久。

事实证明，将自己的心血与研究成果以清晰、有条理的方式呈现在纸上，确实是一项艰巨的任务，需要付出巨大的努力。

在此，我深感感激那些在我作为新手作家的道路上，帮助我克服困难的人们。为了深入了解千禧一代，我进行了多年的"卧底调查"，期间无数次地将书稿推翻重来。这是一座单凭我一己之力难以攀登的高峰。对于在这一过程中给予我无私帮助和鼓励的人们，我仅仅表达谢意是远远不够的。

我最早的读者包括罗伯特·费雷尔、杰茜·福蒂耶、凯文·托马斯、李·斯图尔、瑞贝·卡克拉克、格雷格·特林布、卡伦·哈里斯、我亲爱的妈妈肖娜·普尔弗、布兰登·西蒙斯、凯利·普尔弗、史蒂夫·索伯格以及戴夫·亨尼西。

在修改初稿那些平淡无奇的内容时，这些人不仅教会我许多技巧，还给予我温暖的鼓励。我拥有一个令人钦佩的编辑和设计团队：杰茜·芬克尔斯坦和凯拉·莫菲特，以及来自 Page Two 公司的克里斯·勃兰特，他们都在这个过程中发挥了至关重要的作用。此外，我的出版和营销顾问也始终如一地给予我关心与指引，让我倍感温暖。本书的风格和设计，离不开彼得·考金和加伦·普尔弗的巧妙构思和灵感注入。他们对细节的追求和匠心独运，让我不禁对书的内容，以及它的外观和手感都充满了热情。每一次翻阅，我都能感受到他们为这本书所付出的心血和努力。

在我最需要的时候，蒂芙尼和肖恩·弗莱彻无私地帮我整理资料片段，他们的帮助让我深感温暖。凯瑟琳·奥利弗不仅帮我修改书中过多出现的重复性的词汇，更向我展示了我从未见过的表达方式，极大地丰富了我的表达能力。梅丽莎·爱德华兹，以她惊人的编辑功力，将我那原本杂乱的文字梳理成了清晰而有意义的思想，极大地提升了语言的影响力和与不同受众沟通的能力。我怀揣写作梦想，但对写作一无所知，这个"图书导师委员会"为我提供了宝贵的指导和支持。同样，我也要感谢菲尔·琼斯、杰森·休利特、斯科特·斯特拉滕、泰·贝内特、米歇尔·麦卡洛、查得·海马斯、格兰特·鲍德温、迈克尔·邦吉·斯坦尼尔和伊恩·奥尔特曼。他们始终信任我，为我创造了许多交流机会，让我的思想更加成熟和丰富，也让这本书的内容更加厚重和有价值。

　　有人曾说，一个拥有强烈梦想的男人背后一定会有一个拥有卓越远见的女人。凯莉·玛丽·普尔弗，你就是我的女主角。只有上帝知道，没有你，我无论如何无法完成这本书。你从未停止过用你的时间、指导、鼓励和牺牲、奉献帮助我攀登这座山峰。我永远爱你。

I LOVE IT HERE 🖤🖤

管理者的推荐书单

下面我甄选出来的这些书籍，最终都留在了我的书架上。它们能够对你的人生起到很大的帮助，能够助你取得伟大的成就。以下就是我的推荐书单：

管理类图书

《找到你的真北》（*Discover Your True North*）

比尔·乔治（Bill George）

《数据化决策》（第三版）（*How to Measure Anything 3rd Edition*）

道格拉斯·W. 哈伯德（Douglas W. Hubbard）

《团队赋能》（*Multipliers*）

莉兹·怀斯曼（Liz Wiseman）

《颠覆式成长》（*Disrupt Yourself*）

惠特尼·约翰逊（Whitney Johnson）

《商业模式新生代》（*Business Model Generation*）

亚历山大·奥斯特瓦德（Alexander Osterwalder）

《深度工作 7 步法》（*Art Thinking*）

埃米·惠特克（Amy Whitaker）

《奈飞文化手册》（*Powerful*）

帕蒂·麦考德（Patty McCord）

《组织文化与领导力》（*Organizational Culture and Leader-ship*）

埃德加·沙因（Edgar Schein）和彼得·沙因（Peter Schein）

《子弹笔记》（*Bullet Journal*）

赖德·卡罗尔（Ryder Carroll）

《时间管理的奇迹》（*Procrastinate on Purpose*）

罗里·瓦登（Rory Vaden）

自我提升类图书

《早起的奇迹》（*The Miracle Morning*）

哈尔·埃尔罗德（Hal Elrod）

《知道做到自学的科学》（*The Science of Self-Learning*）

彼得·霍林斯（Peter Hollins）

《知道做到快速获取新技能的科学》（*The Science of Rapid Skill Acquisition*）

彼得·霍林斯（Peter Hollins）

《自律力》（*Lifestorming*）

艾伦·韦斯（Alan Weiss）和马歇尔·古德史密斯（Marshall Goldsmith）

《深度专注力》（*Free to Focus*）

迈克尔·海厄特（Michael Hyatt）

《重塑自我》（*The Happiness Equation*）

尼尔·帕斯理查（Neil Pasricha）

《高效 15 法则》（*15 Secrets Successful People Know About Time Management*）

凯文·克鲁斯（Kevin Kruse）

《叛逆天才》（*Rebel Talent*）

弗朗西斯卡·吉诺（Francesca Gino）

《财富流》（*The Millionaire Master Plan*）

罗杰·詹姆斯·汉密尔顿（Roger James Hamilton）

《财富自由笔记》（*Boss Up！*）

琳赛·蒂格·莫雷诺（Lindsay Teague Moreno）

人际关系类图书

《内向性格的竞争力》(*Quiet*)
苏珊·凯恩(Susan Cain)

《拥抱不完美,与更好的自己相遇》(*People Tools*)
艾伦·C. 福克斯(Alan C. Fox)

《爱的五种语言》(*The 5 Love Languages*)
盖瑞·查普曼(Gary Chapman)

《只需倾听》(*Just Listen*)
马克·郭士顿(Mark Goulston)

《恰到好处的亲密》(*Stop Being Lonely*)
基拉·阿萨特里安(Kira Asatryan)

《微表情解析》(*Unmasking The Face*)
保罗·艾克曼(Paul Ekman)

《高效沟通的艺术》（*How to Say Anything to Anyone*）
莎丽·哈莉（Shari Harley）

《这代年轻人不一样》（*Permission to Screw Up*）
克里斯汀·哈迪德（Kristen Hadeed）

《看懂肢体语言》（*Winning Body Language*）
马克·鲍登（Mark Bowden）

扫码购书 　　　 电子书

《哈佛招聘实战课》

[美] 杰夫·斯玛特　 兰迪·斯特里特　著

任月园　译　　定价：59.80 元

高效的团队从找对人开始

　　在本书中，作者提供了简便、实用、高效的 A 级招聘法，帮你实现 90% 的招聘成功率。

- 记分卡：拒绝模糊岗位描述，用"战略成果"量化用人标准；
- 物色：提前建立人才库，告别紧急招聘的将就选择；
- 选拔：提升识人精准度，看透简历背后的真实能力；
- 说服：将说服进行到底，不仅追到人才，还要留住人才。

　　A 级招聘法能帮助你摸清应聘者的底细，让你在考察应聘者时仍不忘公司的目标和价值观，避免聘错人的损失与痛苦。

GRAND CHINA

中　资　海　派　图　书

扫码购书

电子书

《拥抱你的客户》（全新修订版）

[美] 杰克・米切尔　著　　张若涵　曹烨　译

定价：89.80 元

《拥抱你的客户》问世 20 年来，已成为加印不断的里程碑式畅销书。它不仅为众多客户服务人员提供指引，还成为各大商学院开设客户服务课程的经典案例，更有大批企业口口相传竞相团购，将其作为企业的内训教材。

- -

扫码购书

[美] 杰克・米切尔　著

何荣娅　译

定价：89.80 元

《拥抱你的客户 2》

如果说《拥抱你的客户》是杰克・米切尔的商业理念，那《拥抱你的客户 2》就是教你如何"拥抱客户"的实操手册，是实现业绩倍增的必胜宝典。

扫码购书

电子书

《建议陷阱》

[加拿大] 迈克尔・邦吉・斯坦尼尔　著

易文波　译　　定价：69.80 元

《建议陷阱》将指导你"如何"变得更会带人，如何驯服日常工作中跳出来提供想法、意见、建议和忠告的"建议怪兽"，带你深入探究需要做什么才能改变一个人的行为，帮助你在日常生活中进行练习和实践

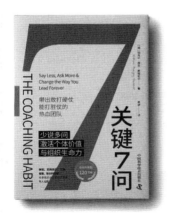

扫码购书

电子书

《关键 7 问》

[加拿大] 迈克尔・邦吉・斯坦尼尔　著

易　伊　译　　定价：65.00 元

全球销量超 120 万册的带人经典将帮助忙到焦头烂额的你在 10 分钟甚至更短的时间内高效带人。彻底扫清 3 大常见带人误区，在日常工作中收获奇效。

中资海派文化
GRAND CHINA

**READING
YOUR LIFE**

人与知识的美好链接

20 多年来，中资海派陪伴数百万读者在阅读中收获更好的事业、更多的财富、更美满的生活和更和谐的人际关系，拓展读者的视界，见证读者的成长和进步。现在，我们可以通过电子书（微信读书、掌阅、今日头条、得到、当当云阅读等平台），有声书（喜马拉雅等平台），视频解读和线上线下读书会等更多方式，满足不同场景的读者体验。

关注微信公众号"**中资海派文化**"，随时了解更多更全的图书及活动资讯，获取更多优惠惊喜。你还可以将阅读需求和建议告诉我们，认识更多志同道合的书友。让派酱陪伴读者们一起成长。

⚘ 微信搜一搜　　🔍 **中资海派文化**

了解更多图书资讯，请扫描封底下方二维码，添加"中资书院"。

也可以通过以下方式与我们取得联系：

📱 采购热线：18926056206 / 18926056062　　📞 服务热线：0755-25970306

✉ 投稿请至：szmiss@126.com　　🔘 新浪微博：中资海派文化

更 多 精 彩 请 访 问 中 资 海 派 官 网　　(www.hpbook.com.cn ❯)